# 자가분석

# 자가분석

L'autoanalyse

나를 스스로 분석하고 치유하기

제라르 보네 지음

변화순 옮김

# 자가분석

L'autoanalyse

초판 1쇄 2020년 3월 30일

지은이 | 제라르 보네
옮긴이 | 변화순

펴낸이 | 김영남
편집 | 공윤조
펴낸곳 | (주)눈출판그룹

출판등록 | 2015년 7월 31일 제399-2015-000017호
주소 | 경기도 남양주시 수동면 외방로 135번길 24
전화 | 1661-4310
팩스 | 031-511-4749
이메일 | nungroup@daum.net
홈페이지 | www.nungroup.co.kr

값 20,000원
ISBN 979-11-88466-13-9 (93180)

파본이나 잘못된 책은 바꿔드립니다.

---

 이 도서의 국립중앙도서관 출판시도서목록(CIP)은 e-CIP 홈페이지(www.nl.go.kr/ecip)에서 이용하실 수 있습니다(CIP 제어번호: CIP2020009635)

# 차례

# 자가분석과 자가정신분석

최근 들어 자가분석이라는 개념이 그 어느 때보다도 큰 관심을 끌고 있다. 구글에서 자가분석이라는 단어를 검색하면 157,000개의 결과가 뜬다.[1] 이는 유명 인사가 자신을 알리기 위해 '자가분석을 한다'는 사실을 기탄없이 잡지나 텔레비전 방송, 소셜네트워크에 표명한다는 의미이기도 하다.[2] 오늘날 정치인이 자신의 사적인 삶에 대한 베일을 벗기는 사례가 점점 증가하는데, 이럴 때도 자가분

1) 2019년 11월 현재 구글에서 프랑스어 자가분석autoanalyse을 검색하면 257,000개의 결과가 뜬다. – 역주

2) 잡지 Psychologies, 2013년 4월호 참조.

석이라는 표현이 반드시 언급된다. 프랑수아 미테랑[3]이 남긴 유명한 말이 있다. "내가 오랫동안 병마와 싸우고 정치적 시련을 견딜 수 있었던 것은, (내가 만난 사람들과의) 전적인 신뢰를 통해 자가분석을 해왔기 때문이다."[4]

그러나 미테랑의 인용문 속의 '자가분석'이 이 책에서 다루고자 하는 자가분석과 같은 의미일까? 이는 다음과 같은 이유에서 분명히 그렇지 않다. 자가분석을 한다는 것은 가장 내면적인 경험을 영화로 만든다거나 격정적인 삶을 이야기하는 것이 아니다. 또 자가분석은 성 아우구스티누스, 몽테뉴, 장 자크 루소 등 수많은 사람이 그랬듯이 고백을 되풀이하는 것도 아니다. 사람들은 존재의 의미를 추구하기 위해 고백이 항상 필요했으며, 그런 방법들은 태곳적부터 있어 왔다. 자가분석을 한다는 것은 실수행위와 꿈을 정당화하거나, 이에 대한 이해를 위해 겉핥기식으로 해석하는 것이 아니다. 겉핥기식의 얕은 해석은 정신분석의 정신과 전혀 일치하지 않는다. 정신분석을 한다는 것은 고정된 사고를 분해하고 해체하여 우리에게 내재한 낯설음에 수월하게 직면하도록 하는 것이다. 이는 고정된 사고에 따른 행동과 모순에 친숙해지도록 한다. 우리

3) 프랑스 공화국 21대 대통령. – 역주
4) Le Point, 2005년 7월 7일, p. 7에 보도된 발언.

에게 내재한 숨겨진 경향을 찾아내려고 노력할 때마다, 우리는 그것들이 상반된 방향으로 움직인다는 것을 알아차리게 된다. 또한 의식적 자아의 명백한 통일성이, 무질서하고 모순적인 수많은 공격으로부터 보호하는 하나의 파사드(건물의 정면)와 같다는 것을 우리는 깨닫는다. 그렇기 때문에 자가분석에 대한 일반적 개념과 정신분석적 개념의 차이를 잘 드러내기 위해서는 자가정신분석auto-psychanalyse 개념에 관해 이야기하는 것이 필요하다. 그리고 내가 현재 통용하는 어휘에 맞추어 '자가분석'이라는 용어를 자주 사용하게 된다면, 나는 이 용어의 모호성을 해소하기 위해 자가정신분석이란 용어를 균형있게 사용하고자 한다.

프로이트식 자가정신분석이 지닌 특징을 알아보려면 정신분석의 발명자인 프로이트를 살펴보는 것이 필요하다. 프로이트의 자가분석 작업이 정신분석의 창안과 사상의 역사에서 결정적 역할을 했다는 것은 이미 잘 알려진 사실이다. 그 작업이 오늘날 『정신분석의 탄생』이라는 책에 수록된 「플리스에게 보낸 편지(12)」에 담겨 있다.[5] 그 내용은 그저 살아가는 이야기가 아니며, 자기를 알아가기 위한 매뉴얼도 아니다. 이것은 자기 자신으로부터 중요한 정신

5) 괄호 안의 숫자는 참고문헌에 있는 저서의 조회번호를 가리킨다. 이후 함께 표시되는 페이지 숫자는 그 저서에서 인용되었거나 언급된 위치를 말한다.

분석적 발견물을 끄집어낼 수 있는 일련의 신뢰, 엉뚱한 생각, 모순된 감정, 기발한 가정 등으로 이루어져 있다. 그러나 프로이트의 자가분석 과정 그 자체는 오늘날에도 수수께끼이며 항상 질문의 주제로 남아 있다. 프로이트는 생전에 이러한 훈련을 계속했는데, 이는 오늘날에도 그의 지식을 이해하는 범위 내에서 지속적으로 진화하면서 끊임없이 개정되고 있다.

그러나 프로이트의 자가정신분석 과정과 그 결과물은, 일반대중을 배제한 채 한 사람의 창시자가 이룩한 업적만으로 추앙되어서는 안 된다. 만약 그렇게 된다면 프로이트의 자가분석과 저서는, 영감을 받아 끊임없이 해석하고 주석을 달며 분석해야 하는 문서로 축소될 것이다(즉, 사람들은 그를 예언자로 생각하게 될 것이다). 또한 각자의 시대와 역사에 따라 예기치 않게 나타나는 무의식의 특수성을 부정하게 될 것이다. 이는 결국 끊임없는 질문으로 이어지는 정신분석의 미래를 위태롭게 할지 모른다.

자가분석은 모든 순간에, 그리고 모든 삶의 영역에서 무의식의 존재와 그 작용을 경험하는 것이다. 이러한 실제 경험은 정부기관, 요양보호, 교육, 훈련 등에 종사하는 감정노동자들에게 특히 유용하다. 왜냐하면 그들의 무의식은 삶의 현장에서 언제나 이해되는 것은 아니지만 끊임없이 말을 걸어오기 때문이다. 저항할 수 없는 장애물에 부딪혀 이에 대한 직면 과정이 필요하다면, 정신분석용 카우치를 사용하지 않을 수 없을 것이다. 자가분석은 정신분석가에게, 그리고 정신분석에 입문하려는 사람들에게 더욱 필요하다. 자신의 무의식적 산물에 예민하지 않은 채로 곳곳에 무의식의 함정이 널려 있는 밭에 있다면, 그들은 어떻게 일을 할 수 있을까? 자가분석은 모든 형태의 정신분석의 기반이자 원동력이다. "자가분석은 자신을 치료할 때나 발견할 때 반드시 갖추어야 할 조건이다"라고 콘라드 스타인은 기술한다.[6)]

더 광범위하게 말하면, 자가분석은 일상생활에 산재해 있는 무의식의 산물인 꿈을 진정으로 해독하기 원하거나, 어떤 증상 혹은 관계의 어려움을 극복하려는 모든 사람에게 유용하다. 카렌 호나이에 따르면, '환자는 내적으로 충분히 강하고'(18, p.19) 분석가와 피분석자의 역할을 동시에 수행하는 이인화 능력이 있는 것만으로도 자가분석의 도구는 충분하다. 따라서 분석적 치료를 위해 요구되는 것과 동일한 조건을 필수적으로 채우기만 하면 이 단계는 신속하게 실행될 수 있다는 유추가 가능하다.[7)] 다행히도 이는 어려운 일이

6) C. Stein, 「자가분석에 있어 프로이트와의 동일시L'identification . Freud dans l'autoanalyse」, 『무의식L'Inconscient』, 1968, n° 7, p. 99-114 ; 『오이디푸스의 죽음La Mort d'Œdipe』에서 재인용, Denoël, 1977.

7) G. Bonnet, 『우리는 어떻게 정신분석가가 될 수 있나? Comment peut-on être psychanalyse?』, L'Esprit du temps, 2005를 볼 것.

아니다. 자가분석 작업은 단지 자신에 관한 일이고 분석치료 작업과 동일한 수준을 요구하는 것이 아니기 때문에 어떤 특정한 심리적 장애를 일으킬 위험은 없다. "내가 관찰한 자가분석의 경우 불행한 결과가 나타난 적이 없다"고 카렌 호나이는 언급한다(18, p.27). 다른 한편으로 정신분석가는, 오랫동안 자가분석을 함으로써 큰 효과를 본 상황을 확인하고자 찾아오는 내담자를 만나게 될 기회를 갖는다.

많은 사람이 오늘날 정신분석은 비효율적이고 심지어 아무 소용이 없다고 주장한다. 뇌의 작동에 직접적으로 반응하는 간단하고 즉각적인 기술 또는 의학적 치료에 비해, 정신분석은 흥미로운 관점을 가져다주는 문화나 철학의 영역을 제외하면 신뢰하기 어렵다고 할지 모른다. 이러한 문제 제기는 오늘날에만 있는 것은 아니며, 이에 대해 답변하는 것은 쉽지 않은 일이다. 왜냐하면 우리의 평가 방법은 비판적인 사람들이 참조하는 것과는 다른 기준에 의거하기 때문이다. 분석 작업의 이점은 단지 가시적이고 상황적인 진전이 있다는 측면에서만 평가되지 않는다. 분석은 관련된 사람의 열망에 따라 평가된다. 즉, 더 큰 영혼의 자유, 더욱 깊은 통찰력, 자신의 가장 풍요로운 부분에 대한 이해가 그것이다. 이 발견에 대해 의심을 품는 사람들에게 프로이트는 이러저러한 작은 자가분석을 연습해

보라고 권한다. 정직하게 실험해보는 것만이 자가분석을 진정으로 판단할 수 있는 방법이다.

이 책은 '크세주Que sais-je ?(나는 무엇을 아는가 ?)' 총서의 정신에 따라 오랜 연구 끝에 집대성한 작업의 산물이다. 그런데 주제를 고려하다 보니 불가피하게 증언의 형태를 띠게 되었다. 나는 수십년 전부터 해온 자가분석을 토대로 이 책을 썼는데, 모든 면에서 많은 도움을 받았다. 동료와 친구들이 자신의 경험을 기꺼이 나에게 이야기해주었고, 나는 그들의 의견을 참고했다. 그리고 자가분석은 그 어느 것으로도 대치할 수 없다는 확신을 가지게 되었다.

1장

# 의사여, 너 자신을 고치라

## 1. 최초의 분석

장 라플랑슈와 장베르트랑 퐁탈리스는 『정신분석사전Le Vocabulaire de la psychanalyse』에서 자가분석을 다음과 같이 정의한다. "자가분석은 다소 체계적인 방법으로 유도되는, 그리고 일종의 정신분석적 방법의 절차에 도움을 받는, 자아에 의한 자아의 관찰, 즉 자유연상, 꿈 분석, 행동에 대한 해석이다"(20).[8] 이러한 정의에 따르면, 자가

8) l'autoanalyse, self-analysis : 한국에서는 auto, self의 개념이 주로 '자기'로 번역되고 있다. 그러나 자가분석 정의가 '자아에 의한 자아의 관찰'에 중점을 둔다면, 역자는 'self'를 '자기'라는 개념보다 자기 스스로라는 의미의 '자가'를 사용하고자 한다. – 역주

분석은 프로이트가 환자들과 함께 발견한 분석적 방법을 자신의 내밀한 삶에 적용하기 위해 부수적으로 고안한 것으로 생각할 수 있다. 혹은 그 반대로 프로이트는 자신에게 먼저 적용한 후 환자들을 분석했고, 대개의 경우 자가분석에서 발견한 이론을 적용하여 환자들의 행동을 해석했다고도 할 수 있을 것이다. 마치 그는 자신의 고객과 함께 등산을 하기 전에 먼저 행선지를 답사하는 산악가와 같았다. "역전이는 전이에 선행한다"(M. Neyraut)는 문장은 그 어느 때보다 지금 내게 와닿는다. 혹은 다른 개념으로 표현된, "한 개인의 전이는 타인의 전이에 선행한다"는 문장은 내게 더 익숙하다(4). 프로이트가 무의식의 산물을 자신의 방식대로 발견하지 못하고 그것들을 분석하지 못했다면, 정신분석은 결코 존재할 수 없었을 것이다.

## 2. 전통적 치료에서 정신분석에 이르기까지

역사적 흐름을 다시 짚어보자. 1876년 브뤼케(프로이트를 가르친 생리학 교수)가 신경 세포의 역사를 한 번 연구해보지 않겠느냐면서 현미경을 들이밀었을 때, 프로이트의 나이는 20세였다(19. p. 50). 프로이트는 이 연구를 6년 동안 끈기있게 수행했다. 병원에 자리를 잡아 실험실을 떠날 무렵, 그는 실험의 즐거움에 빠져들어 완전히 몰입해 있었다. 그는 코카인의 특성에 관심을 갖게 되었고, 자신에게 실험을 하거나 친구와 애인에게 코카인을 권유하기도 했다. 프로이트는 이 물질의 남용으로 인해 야기된 타격에 직면하면서 재빨리 실험을 중단했지만, 그는 평생 이 욕망을 포기하지 못했다. 파스퇴르가 천연두 백신을 자신에게 주입한 것처럼(1885), 그는 항상 다른 사람에게 유용한지를 생각하면서 자신에게 먼저 실험을 했다. 그는 환자에게 자신의 발견물을 개진開陳하기 전에 그 위험성을 확인하고자 했던 것이다. 그는 아주 오래된 전통 의술의 계승자임을 자처하면서, 오늘날 학교에서 가르치는 의학이 다음과 같은 명언을 무시하는 경향이 있음을 밝힌다. "의사여, 우선 너 자신을 고치라"(누가복음 4 : 23). "훌륭한 설교자는 자신의 지시를 따르는 사람이 아니던가?"(셰익스피어 『베니스의 상인』, I, 2).

이러한 태도는 1886년에서 1895년 사이에 더욱 분명해진다. 샤르코에게 히스테리에 관한 수업을 듣고 낭시에서 베른하임에게 훈련을 받은 프로이트는, 이후 최면 실습에 전념했지만 곧 최면의 한계에 직면했다. 친구 브로이어가 한동안 그랬던 것처럼 그는 환자가 발언을 하도록 유도하는 방법을 찾았다. 그리고 심도 있는 경청을 촉진하는 방법을 찾는 데 몰두했다. 그는 이를 위해 이마에 압력을 가하거나 집중하는 등 다양한 방법을 사용했고, 신경증적 증상에 대한 비교분석을 수행했다. 그리고 성욕의 기원과 해석의 효율성을 발견한 후에는 그것들을 정교화하기 위해 신화와 문학작품이라는 고갈되지 않는 원천에서 착상을 얻기에 이른다. "그가 자신의 사례를 체계적으로 분석하기 위해 기초가 튼튼한 정신병리학적 가설에 근거를 두어야 한다는 생각을 한 것은 특히 의심에서 비롯된 것 같다"(Alain de Mijolla, 2, p. 12). 그는 오랜 기간 암중모색하면서 자신의 꿈을 분석하겠다는 생각을 했다. 드디어 1895년 7월, 이르마의 주사注射 꿈을 통해 그는 이론 체계를 완성한다.

1895년에서 1905년 사이에 그가 수행한 꿈의 분석은 정신분석의 결정적인 진면목을 보여주었다. 1896년 3월 그는 자신의 방법을 특징짓기 위해 '정신분석'이라는 용어를 사용했다. 그 해 10월 아버지의 사망에 즈음하여 그는 "눈을 감아주시기 바랍니다"라고 말하는 꿈을 꾸었다. 그 후 프로이트는 자유연상 기법을 사용해 자신의 꿈을 정기적으로 분석하는 일에 전념했다. 그리하여 1898년 그는 환자와 함께 시도하는 정신집중법을 포기하고, 생각이 떠오르는 대로 말하는 '기본 규칙'을 제안한다(20). 프로이트는 1898년 12월 「망각의 정신적 기제」라는 논문을 발표했다. 이 논문에서 그는,

여행에 대한 일상적 대화를 나누는 도중에 어떻게 시뇨렐리라는 이름이 떠오르게 되었는지를 설명한다. 1899년 마침내 그는 첫 번째 개인적 작업인 『꿈의 해석』을 출간한다. 그의 걸작으로 평가받는 이 책은 자신의 꿈에 대한 자가분석에 근거를 두고 있다.

그는 내용을 꼼꼼이 살펴본 후에 이 책을 출간했다고 자부했지만, 초판의 내용을 주의 깊게 읽으면서 많은 실수가 있었음을 확인하고 아연실색한다. 그는 또한 이 책으로 인해 놀림과 조롱을 받았다. 그렇지만 그의 자가분석은 실수 혹은 일상생활의 놀람에 이르기까지 확장되었고, 또 다른 지평을 열었으며, 1901년 『일상생활의 정신병리학』 초판을 출간하도록 이끌었다. 이 초판의 가치에 대해 말하자면 우선 망설이게 된다. 왜냐하면 그는 이후 많은 동료의 증언을 첨삭하고 재편집하는 것을 멈추지 않았기 때문이다. 이에 따라 200쪽 정도였던 책의 분량은 500쪽 이상으로 늘어났다.

1915년 『정신분석 강의』 제3장에서 그는 실수의 분석에 관해 의미심장한 문장을 남긴다. "실수에 관한 이 작은 개입과 성공은 이미 정신분석적인 것이고, 우리가 나중에 진행하게 될 정신분석적 탐구의 모델이다"(16, p. 43). 정신분석은 그의 마음 속에서 가장 일상적인 무의식의 산물을 고려해 우선적으로 실행된다. 프로이트는 1925년 「자전적 연구」에서 자신의 삶에 대해 이야기할 때(S. Freud,

OCF.P, XIII, p. 93),[9] 『꿈의 해석』 만큼이나 『정신병리학』에도 중요성을 부여한다. 1905년에 출간한 『농담과 무의식의 관계』에서 그는 많은 사례를 통해 농담의 효과는 대부분 감정의 해방과 무의식적 충동을 선호하는 마음에서 발생한다는 것을 밝힌다.

프로이트는 '도라Dora'의 분석을 1900년에, '쥐 인간'은 1907년에 시작했다. 그의 커리어에서 정신분석가로 활동한 기간이 짧았던 것을 고려하면, 그가 시도한 자가분석 작업이 얼마나 탁월한 것인지 헤아려 볼 수 있다. 어네스트 존스Ernst Jones에 따르면 프로이트는 적어도 하루 30분 이상 자가분석에 전념했고, 알랭 드 미졸라는 "프로이트의 자가분석 활동은 정말이지 멈춘 적이 없다"고 기록한다. 프로이트가 플리스Fliess에게 보낸 편지의 내용이 의미하는 바를 '자가분석'으로 이해한다면, 사실 그의 자가분석은 1897년 8월부터 1899년 1월까지 이루어졌다고 볼 수 있다. 그러나 친척 및 환자와 관련하여 그가 한 일을 고려하면, 그의 자가분석은 1892년쯤에 시작하여 죽을 때까지 실행한 것이 된다.

프로이트가 자신의 논고가 아닌 다른 사람의 논고를 추천한 것은 몇 년 후인 1910년의 일이다. 그는 픽워스 패로우Pickworth

9) 약자 OCF.P는 Puf 출판사의 출간물 중 프로이트의 정신분석적 저서의 완성판을 말한다. 로마 숫자는 권수를 표시한다.

Farrow 박사의 책을 추천하며 다음과 같이 말했다. "나는 이 책의 저자가 강하고 독립적인 정신의 소유자라는 것과, 그가 찾아갔던 두 분석가와는 자신의 어떤 고집 때문에 잘 맞지 않았다는 것을 추측할 수 있다. 저자는 내가 한때 나 자신의 꿈을 해석하기 위해 사용한 바 있는 자가분석 과정을 심도있게 적용한다. 그의 작업 결과는 그 자체로 독창성이 있고 기법에도 독창성이 있기 때문에 충분히 인정받을 만하다"(OCF. P, XIII, p.93).

### 3. 자신을 아는 기술의 혁명

서구에서 자아 인식에 대한 연구는 그리스 철학, 특히 소크라테스가 찬양하고 플라톤이 확대하여 발전된 신탁 '너 자신을 알라'로 거슬러 올라간다. 이를 성취하기 위해 우리는 계속해서 '대화'와 철학적 '성찰'을 하게 된다. 그러면서 이에 대한 비판과 해석을 위해 자신만의 담론으로 다시 돌아가거나, 신(아우구스티누스의 『고백록』)과 성서聖書, 자기 자신(몽테뉴, 데카르트, 루소), 또는 독자들(스탕달)과 대화를 나누기도 한다.

이러한 모든 선례에 비추어 볼 때 프로이트의 접근 방식은 사상의 역사에서 여러 모로 중요하고 혁명적인 전환점이 되었다. 우선 그의 사상은, 정신 질환의 치료는 진정한 자아의 인식에서 시작된다는 생각을 일반화한다. 현자들에게 널리 통용되었던 이러한 철학은 모든 정신 치료의 기본 원칙이 된다. 이러한 접근법은 모든 정신적 경험이 과거의 익숙한 관계에서 비롯된다는 발견에 근거를 둔다. 그 관계의 대상은 신도 아니고 자신도 아니다. 존재의 흐름에서 내가 과거에 알았고 지금도 내가 아는 어떤 사람이다. 무엇보다도, 프로이트가 정신과 의사로서 경력 초기에 수행했던, 그리고 내가 바로 떠올릴 수 있는 그의 핵심 지식은 이제까지 사용되었던 것과는 근본적으로 다르다.

신경증 환자, 특히 히스테리 환자를 치료하면서 그는 신경과 전문의로서의 수련이 아무 짝에도 소용이 없다는 것을 깨달았다. 오히려 그는 환자의 불안을 다소 오래된 (그리고 대부분) 관계적 문제로 설명하거나 억압, 전이, 투사 등과 같은 과정으로 설명할 수 있다는 것을 깨닫는다. 프로이트는 동료들이 하찮은 것으로 간주하는 꿈, 망각, 실수 등을 다른 방식으로 연구했고, 그럴수록 이를 중점적으로 다루어야 한다는 확신이 더욱 강해졌다. 그래서 그는 꿈, 망각, 실수 등을 핵심 주제로 삼게 되었다. 그는 이것들이 무의식적 정신 상태에 속하고, 생리해부학이 드러내는 것과는 다르며, 모든 사람과 관련이 있지만 그 누구보다도 자기 자신과 관련이 있다고 주장했다.

알려지지 않은 정신현상을 탐구할 수 있는 특권을 이러한 원인들이 제공은 하지만, 그 정신현상에 닿을 수 있는 기술은 아직 부족했다. 프로이트는 한때 최면술을 시도했지만 한정된 결과를 얻었을 뿐이다. 그래서 그는 선임자가 권장했던 것과 반대되는 방법을 채택했다. 프로이트는 무의식의 발현을 정면에서 잡아내기보다는 수용적 태도를 취함으로써 정신이 몽롱하도록 내버려두었다. 우리는 무의식에 도달하지 못한다. 그것이 우리에게 다가올 뿐이다. 이러한 무의식의 산물은 우리의 의지나 기교에 전혀 좌우되지 않는다. 단지 무의식의 출현이나 해독解讀을 수월하게 하는 조건을 만들어낼 뿐이다. 내가 나중에 이야기하고자 하는 해석 방법은 프로이트가 초점을 맞춘, 바로 이러한 관점이다.

마침내 이 모든 방법과 적용을 체계화하기 위해, 그리고 자신이 추구하는 목표를 구체화하기 위해 프로이트는 '정신분석'이라는 개념을 채택했다. 이 선택은 매우 중요하다. 왜냐하면 그것은 다음과 같은 주요 관심사를 명확하게 나타내기 때문이다. 즉, 분해 작업을 통해, 그리고 부분·요소·원시 데이터 등에 대한 탐색 작업을 통해 모든 정신 증상의 기본 구성요소를 재결합할 수 있게 되는 것이다. 비록 이것들이 서로 모순되는 경우에도 그러하다. 분석은 프로이트가 일컫는 죽음충동의 매듭을 푸는 게임인데, 이 죽음충동은 끊임없이 일관성과 통합을 추구하려는 자아의 자발적 움직임에 역행한다. 프로이트에게 적합한 이미지는 조각membra disjecta의 이미지, 산산이 해체된 신체의 이미지다. 그리고 프로이트로 하여금 분석적 접근을 하도록 이끈 이러한 매혹적인 두려움은, 신체가 조각조각 찢기는 능지처참형을 보며 조르주 바타유가 느낀 유혹[10)]과 무관하지 않을 것이다.

물론 이러한 것이, 일관성을 띠는 수많은 새로운 형태로 설명(대개는 복잡한)하고자 하는 분석을 방해하지는 않는다. 그러나 사람들은 정신분석적 설명이 실증과학에서처럼 완벽하거나 결정적이지 못하고, 특히 전체적이지 못하다는 사실을 너무 자주 잊는다. 지구에서 달까지의 거리를 측정할 때, 어떤 방법을 사용하든 나는 항상 엄밀하게 동일한 숫자를 제시한다. 그것을 인정받고 싶다면 반드시 그래야 한다. 그러나 꿈이나 실수행위를 접근 방식과 평가 방식, 해석 방법 등 다양한 방식으로 분석하는 사람은 다양한 설명으로 다

10) 시각예술과 문화연구의 선각자로 불리는 조르주 바타유는 『에로스의 눈물』(1961)에서 중국의 능지처참형을 찍은 사진을 싣고, 이를 '고통 속에서 경험하는 황홀경'으로 묘사했다. – 역주

른 결과를 제시한다. "클로드 비제Claude Vigée가 쓰기를, 미드라시midrash[11]에 따르면 신전에 전속된 24명의 꿈 해설자가 있었다. …그들은 분명히 동일한 꿈이라 할지라도 서로 다른 24종류의 해석을 내놓았고, 그 해석들은 모두 예외 없이 성공적으로 실현되었다."[12] 왜냐하면 무의식은 동일한 소재를 사용하면서도 매우 다른 것들을 이야기할 수 있기 때문이다. 또는 다른 소재를 사용하면서 유사한 것을 이야기한다. 무의식은 모든 일관성을 무시한다. 분석은 다양한 무의식적 생각을 재결합시키고, 그것들을 화해시키지 않으면서 공존하게 한다. 그것들 중 어떤 것은 다른 것들보다 우리에게 더 적합하며, 그렇다면 더 좋은 일이다. 그리고 이는 현재의 과제를 수행하는 데 도움을 준다. 다른 쪽에서 깊이 작용하는 것들이 있음을 잊지 않는다면, 그리고 우리의 상상과 생각 속에 그것들을 위한 공간을 만든다면, 우리는 많은 어려움을 피할 수 있을 것이다. "분석하시오, 분석하시오. 그러면 통합은 예외없이 매우 빨리 이루어질 것입니다"라고 프로이트는 말한다.

이것이 바로 자가분석이 이전의 모든 인지 방법과 다른 이유다. 그렇지만 오늘날 자가분석은 또한 내밀한 비망록이나 자서전

11) 유대교의 성서 주석 방법, 또는 그 내용을 담은 책. – 역주
12) 잡지 Conférence, 2004년 봄호, No 18, p. 106.

을 통해, 심지어 내밀한 질문을 던지며 정교하게 구성하는 문학작품 등을 통해서도 실행된다.[13] 디디에 앙지외는, 사무엘 베케트가 알프레드 비온과 단절한 뒤 자신의 소설에서 자가분석을 계속했다고 생각한다. 또한 바타유도 아드리앵 보렐에게 몇 년 동안 분석을 받은 후, 외설적 소설에 몰입하면서 동일한 작업을 수행했다고 보았다.

그러나 내 견해는 그들과 반대다.[14] 자가분석은 그 이름이 암시하는 것처럼 의식의 해체, 일어난 일들의 분해, 그리고 상반된 행동에 대한 인식 및 통합에 기반을 둔다. 이러한 점을 고려하면 위와 같은 작업들은 자가분석과는 구분된다. 반면에 일관성을 중요시하는 시나리오나 작품에서의 문학적 창조는 본능적 충동의 자리매김과 재구성을 필요로 한다. 문학이, 그것에 몰입하거나 도움을 받는 사람들에게 카타르시스 효과를 가져다준다는 것은 부정할 수 없는 사실이다. 그러나 정확히 말하면, 그 효과는 브로이어Breuer가 실행의 토대를 세우고 프로이트가 인정한 카타르시스와 관련이 있다(20). 자가분석은 단발적이고 일시적이며, 항상 다시 시작해야 한다.

---

13) Jean-François Chiantaretto는 그 점에 있어 '자기에 대해 글쓰기Écriture de soi'를 언급한다(2, p. 39).

14) G. Bonnet, 『보는 것의 폭력성La Violence du voir』, Puf. 1996년, p. 130을 참고할 것.

자서전 혹은 비망록을 기록하는 것은 특히 인생이 무의미하거나 고난에 부딪혔을 때, 또는 사적 관계나 의미있는 관계를 맺을 때 많은 도움이 된다. 자가분석의 목적은 이와는 매우 다르다. 자가분석의 목적은 먼저 우리의 내적 구조를 원상태로 돌리거나, 내적 구조의 기초가 되는 요소들, 또는 내적 구조를 구성하는 요소들을 결합하는 데 있다.

## 4. 자가분석과 이론의 발견

무의식의 산물을 진지하게 받아들여 분해하고 재통합하는 과정에서, 프로이트는 작업의 결실을 맺기 위해 상당수의 개념과 이론을 구축해야 했고, 가능한 한 광범위하게 그것들을 공유하고 새로운 탐구를 위해 문호를 개방해야 했다. 정신분석은 단순한 치료나 해석이 아니다. 그것은 명실공히 '이론들의 총체'이다. 자가분석 역시 그러하다. 왜냐하면 프로이트가 무의식을 이해하는 데 필수적인 이론을 많이 발표하게 된 것은 바로 자가분석을 실천하면서부터이기 때문이다. 그에게 가장 중요하고 가장 근본적인 명제, 즉 "무의식은 성적性的이다"라는 말은 영원히 그의 정신을 나타내는 것이다. 그는 초기 어린 시절을 포함해 우리의 모든 충동과 숨겨진 욕망은 이러한 유형의 성적 쾌락을 충족시키는 데 목표를 둔다고 보았다. 이 새로운 형태의 자아 인식에 관여하기를 원하는 사람들을 위해, 다른 이론들도 그의 이론을 많이 벤치마킹해야 할 것이다. 가장 놀랄 만한 예는, 결코 어떤 이론도 그만큼 인용된 적이 없었던, 그리고 지금까지도 그 가치를 떨어뜨린 적이 없는 오이디푸스 콤플렉스다. 프로이트는 이를 자신의 이론체계 중심부에 위치시켰으며, 정신분석이 필요한 징후 중의 하나로 보았다. 나는 이 이론을 지지하며, 이와 관련지어 나의 편지와 꿈을 오랫동안 분석했다(6, p.163 sq.). 이 이론은 프로이트가 자신의 꿈을 분석하고 어린 시절의 기억을 떠오르는 대로 내버려둠으로써 성취한 것이다. 그것은 망설임과 심각한 고뇌가 없었더라면 이루어지지 않았을 것이다. 디디에 앙지외는 어린 지그문트가 너무 젊은 어머니와 상대적으로 늙은 아버지를 두었기 때문에 어머니를 정복하고 싶은 경향이 다른 사람들보다 더 강했다고 지적한다.

자가분석을 통한 정신분석이 창안된 후 사람들은 이런저런 방법으로 그것을 실행했다. 프로이트는 1910년에 다음과 같은 글을 썼다. "어떤 분석가도 자신의 콤플렉스와 내면의 저항으로 인해 더 깊이 들어갈 수는 없다. 그래서 우리는 분석가가 자가분석으로 작업을 시작하고, 환자와 함께하며 배우는 동안 계속해서 심화시킬 것을 요구하는 것이다."[15] 자가분석은 역사적으로 정신분석에 기원을 두고 있지만, 끊임없이 새로운 이론의 발견에 영향을 미친다. 자가분석은 이른바 역전이를 분석가가 명확히 설명하기 위한 것이 아니다. 자신의 무의식에, 그리고 '분석가와 내담자 두 사람의 무의식이 작동하는' 전이에 접촉하여 머물도록 하기 위한 것이다(4, p.6).[16]

정신분석가에 의해 인도되는 자가분석은 정신분석의 새로운 모습을 갖추게 되고, 또한 그것을 실행하는 세상은 진화에 필적하는 결과를 가져온다. 알랭 드 미졸라는 『프로이트. 역사의 파편 Freud. Fragments d'une histoire』에서 다음과 같은 글을 썼다. "정신분석이나 정신분석과 관련된 모든 연구는 그것이 무엇이든… 모든 정신분석가의 정신적 행위를 특징짓는 자가분석의 영속적 과정에 통합된다. …프로이트의 위대한 사례가 선구적으로 그것을 입증한다. 이는 정신분석가가 자신에게서 발견한 것과, 환자가 가져다준 진정한 정신분석적 창조가 만들어낸 것과의 만남이다"(23). 프로이트의

15) S. Freud, 『정신분석적 치료기법La Technique psychanalytique』, Puf, p. 27.

16) 전이/역전이 : 역전이는 내담자가 자신에게 중요한 인물의 이미지를 분석가에게 투사하는 '전이'에 대한 분석가의 무의식적 반응으로, 분석가의 갈등이 반영되어 내담자를 대하는 분석가의 사고, 감정, 행동 등에 영향을 미치는 것을 말한다. (네이버 지식백과, 심리학용어사전, 2014. 4.) – 역주

추종자와, 새로운 가설로 분석 연구의 가치를 높이는 창시자들은 자가분석에 빚을 지고 있다.

## 5. 프로이트 이후 대표적인 창시자들

프로이트는 무의식의 산물에 대한 일상적 의견 교환을 활성화할 수 있도록 동료들을 신속히 구성했다. 이는 그의 서신이나 『일상생활의 정신병리학』을 통해 수월하게 확인할 수 있다. 산도르 페렌치는, 프로이트와 함께한 분석이 드문드문 이루어졌기 때문에 스스로 자가분석을 아주 많이 실행에 옮겼다.[17] 1910년 3월 10일 프로이트는 페렌치에게 서신을 보냈다. "당신의 자가분석 두 편은 완벽했어요. 그것들이 당신의 자가분석의 결과가 아니라고 반박할 수 없군요." 그해 7월 3일자 서신에서는 이렇게 썼다. "당신의 자가분석 에세이는 내게 매우 깊은 관심을 갖게 했어요. 그 에세이는 당신의 특징을 매우 긍정적인 관점에서 보여줍니다."

17) S. Ferenczi, 『전집Œuvres complètes』, II, Payot, p. 135, 217, 243. "우리를 제외하고, 자가분석을 진지하게 받아들인 사람은 페렌치 밖에 없을 것이다" (Freud, 1910년 4월 17일).

내가 보기에 가장 전형적인 자가분석 사례는 프로이트의 막내딸인 안나 프로이트의 자가분석이다. 그녀는 아버지가 자가분석을 시작한 해인 1895년에 태어났다. 프로이트의 자녀들 중 유일하게 안나는 자신의 신체와 영혼에 몰입하며 자기를 발견하기 위해 정열을 바쳤다. '아나-리즈Anna-lyse'에서 이름을 따왔기에 안나는 정신분석과 쌍둥이 자매이고, 정신분석이 이름을 갖게 해주었기에 그녀가 난관을 극복할 수 있었다고 어떤 사람들은 망설임 없이 말한다(Jean-Paul Valabrega). 이러한 접근은, 더욱 설득력 있어 보이는 또 다른 이유 때문에 흥미를 끈다. 장 라플랑슈가 지지하는 일반유혹이론théorie de la séduction généralisée을 믿는다면(21), 안나의 어린시절은 수수께끼 같은 수많은 기표와 열정을 보여준 아버지와 관련이 있다고 믿어도 좋을 것이다. 그녀는 무의식을 처음 발견한 순간부터 매우 강렬한 인상을 받았으며, 성인이 되어서는 내면화되는 무의식이 자기의 발견물로 귀착되기를 원했고, 바로 그 모험의 세계에 자신을 던져 이 정표를 세우고 싶어 했다.

그런데 안나의 이 분석은 오히려 자가정신분석이라 불릴 만한 가치가 있다. 왜냐하면 안나는 자가분석을 아버지와 함께 해왔기 때문이다. 매우 가족적인 환경에서 수행된, 더구나 완전히 제한된 부녀 관계 하에 수행된 분석작업에 대해, 전통적 치료의 정신분석을 논할 수 있을까? 여기에는 다변적이고 다양한 전이를 허용하기 위해 요구되는 어떤 조건도 발견할 수 없는데 말이다. 나는 분석 장면에서 가장 많이 요구되는 것이 무엇인지 생각해본다. 분석가는 결코 관계가 뒤섞이거나 동일시되지 않고 즐길 준비가 되어야 한다. 서로 친밀한 아버지와 딸이, 극복할 수 없는 위기를 야기하지도 않고 그렇게 폭발적인 프로그램을 실행할 수 있었는지 이해하기란 결코 쉬운 일이 아니다. 안나는 아버지와 주위의 도움으로 자가분석 작업을 해왔다고 보는 것이 더 정확하다. 좀 더 자세히 들여다보자. 아버지는 딸에게 자가분석의 경험을 전수받도록 했다. 그는 자가분석이 안나에게 은연중에 주입되도록 했으며, 그럼으로써 친밀하고 개인적인 무의식을 건드렸다. 아마도 이것이 안나가 교수법이라든가 일상생활의 행동에 대한 분석, 대상상실의 분석 등을 중시한 이유일 것이다. 그녀 또한 이러한 한정된 관계 때문에 전이의 한계가 있었음을 지적했고, 생애 초기에 획득된 일부 특성은 돌이키기 어렵다고 생각했다.[18] 정신분석적 사고에 기여한 그녀의 공헌은 무의식에 편중되어 있던 기존의 입장에서는 때로는 인정되지 않았지만, 아동 청소년 정신분석에서는 어느 누구와도 대체될 수 없는

**18)** C. York, 『안나 프로이트Anna Freud』, Puf, 1997.

독보적인 것이었다. 특히 프랑수아즈 돌토Françoise Dolto의 저서에 기록된 바에 의하면, 엘리자베스 루디네스코Élisabeth Roudinesco는 안나가 '안나프로이디안Annafreudienne' 계보를 파생시킬 자격이 있다고 말한다.

동시대의 정신분석가 가운데는 여성성에 대한 분석으로 잘 알려진 카렌 호나이가 1942년 『나는 내가 분석한다Self-Analysis』[19)]라는 제목으로 저서를 발표했다. 이 때문에 그녀는 자가분석가로서 알려지게 되었다. 이 저서에 의하면 "자가분석은 자신이 환자인 동시에 분석가로 존재하고자 하는 시도다"(18, p. 87). 호나이는 이 실행 방법에 내재된 어려움을 강조하면서도 자가분석을 강력하게 추천한다. 디디에 앙지외는 호나이의 프랑스어 초판에 쓴 서문에서, 그녀의 낙관주의가 프로이트의 비관주의와 얼마나 대조적인지를 강조한다. 그녀는 자가분석의 몇 가지 사례를 제시하고, 진행 방법에 대한 자세한 정보를 제공한다. 그녀가 칼 아브라함과 함께하던 분석을 중단한 것은, 그 분석이 너무 해석적이었기 때문이다. 그래서 그녀는 자신에게 적합한 개인적 자가분석을 더 선호하게 되었을지 모른다. 그녀는 정신분석가로서의 활동을 대부분 미국에서 했으며, 프

19) 카렌 호나이, 『나는 내가 분석한다Self-Analysis』, 부글북스, 2015. 이 책에서 self-analysis는 자기분석으로 번역되었다. –역주

로이트를 추종하는 전통적 정신분석을 재정립한 그녀의 개인적 방법이 어떤 사회에서는 자가분석의 가치를 떨어뜨렸음을 부인할 수는 없다.

프랑스에서 참고할 만한 학자는 디디에 앙지외다. 그는 1959년에 발표한 심리학 박사 논문에서 자가분석에 집중했다. 그리고 1988년 『프로이트의 자가분석과 정신분석의 발견L'Autoanalyse de Freud et la découverte de la psychanalyse(1)』이라는 제목의 책자를 출간했다. 앙지외는 자신에 대한 자가분석을 요약한 이 책을 망설이지 않고 출판했다. 이는 누구도 하지 못한 하나의 실험이었다. 그는 특히 그것을 개인적 분석의 연장으로 생각했다. 콘라드 스타인은 자가분석이 모든 유형의 정신분석에 있어 창시자의 역할을 수행했다고 평가한다.[20] 기 로솔라토의 견해 역시 마찬가지다.[21] 아니 앙지외Annie Anzieu는, 자가분석은 오늘날에도 여전히 정신분석적 아동치료자에게 없어서는 안 되는 작업이라고 이야기한다.

20) 위의 글.

21) G. Rosolato, 「자가분석의 영속성과 모호성Permanence et ambiguétés de l'autoanalyse」, 『글씨와 말L'Écritureet la parole』. 『C. 스타인에 대한 혼동과 경의Mélanges et hommages à C. Stein』, PAU Éducation, 2004.

## 6. 현대적 발전

프로이트의 정신에 입각한 자가분석은 글을 쓰는 사람들 대부분에게 도움을 주었다. 자유연상을 하는 가장 좋은 방법은 생각을 하지 않고 있는 그대로 마음에 떠오르는 정도에 따라 종이 혹은 컴퓨터 화면에 자신을 맡기는 것이다. 이러한 유형의 방법에 처음으로 관심과 주의를 환기시킨 사람은 H. 텐느Taine(1878)다. 그리고 프로이트는 출발점에서 확실히 그에게 빚을 졌다. 그렇지만 텐느 역시, 실종자 혹은 피안의 세계 사람들과의 관계를 원활히 하기 위해 일부 유사 심리학파에 의해 처방된 '자동적 글쓰기'라고 불리는 것을 참조했다. 이 개념은 자넷Janet이 일부 환자에게 사용한 방법을 칭하는데 사용되었고, 곧 초현실주의자에 의해 다시 사용되었다(A. Breton, 1924). 당시에는 매개체에 우선 순위를 두어, 미지의 생각이 투영되는 스크린처럼 필기도구와 종이를 사용했다.

자가정신분석은 본래의 의미에서의 글쓰기 행위가 아니라는데 강조점을 두고 있지만, 글쓰기는 우리 삶의 가장 상식적인 규범을 완전히 와해시키는 영혼의 작업이라는 것을 인정하지 않을 수 없다. 글쓰기와 같은 가공의 방식은, 무의식의 전형적 유형인 전이, 압축, 과잉 결정 등의 과정을 통해 구체화되는 꿈 작업과 유사하다.

이러한 기법은 일부 임상심리사에게 자가분석에 영감을 받은 글쓰기 교실을 개설하도록 유도한다. 장기간에 걸쳐 타인과 함께 개인적 작업을 하게 하는 식이다. 이러한 공유는 디디에 앙지외가 시작한 다양한 집단정신분석 운동에 속한다. 다니 오를러Dany Orler는 이러한 활동이 유리하게 작용하고 발전하도록 기초적 방법을 제공했는데(24), 이는 사람들이 모든 것을 각자 가능한 정도에 따라 공유함으로써 자신에 대해 진정한 작업을 수행하도록 한다.

오늘날에도 자가분석에 영감을 받은 소그룹 모임이 존재한다. 이를 실천하는 사람들은 자신의 감수성 정도에 따라 개인적 작업을 하면서 상호적으로 무의식에 자유롭게 접근하는 길을 밝힌다. 나는 지난 십여 년간 이 방식으로 일해왔으며, 그것이 훈련의 필수 구성 요소 중 하나라고 생각하는 네 명의 분석가를 알고 있다. EPCI[22] 역시 정기적으로 일반 대중에 적합한 유형의 그룹을 조직화했다.

어쩔 수 없이 자유 재량에 따라야 함에도 불구하고 자가분석은 은밀히 그 자체의 길을 추구하고 있으며, 사람들은 이에 관해 이야기하기를 멈추지 않는다.

22) Ecole de Propédeutique à la Connaissance de l'Inconscient. 프랑스 파리의 프로이디안 정신분석 교육 학교. – 역주

2장

# '벽 너머의' 정신분석

*"우리는 정신분석을 통해 우선 자기 자신을 알게 된다."*

-지그문트 프로이트

자가분석은 많은 두려움과 저항을 불러일으키는데, 특히 유관 학회의 입장에서 보면 더욱 그러하다. 자가분석은 별로 좋지 않은 평판을 받고 있으며, 다소 주위를 불편하게 한다. 자가분석자는 자가분석이 파괴적이고 불안정한 실행 방법을 사용하기 때문에 고통을 동반한다는 점을 이해한다. 그렇지만 혼란에 빠뜨리는 이 행위는 오히려 존재의 가장 깊은 내면을 느끼게 하기 때문에 흥미를 끈다. 때로 혼란을 조장한다고 해도 자가분석자는 무의식이 요동치는 것에 익숙하기 때문에 위기의 순간에도 완전히 제멋대로 되도록 내버려 두지 않는다.

자가분석이 야기하는 불편함을 분산시키기 위해, 나는 그것이 무엇으로 구성되어 있는지 정확히 드러내는 것으로 이야기를 시작하고자 한다. 사람들은 자신이 모르는 점에 대해 특히 초조해 한다. 사람들은 자가분석이 난해하고 엘리트에게 국한된 실천이 아닌지 의구심을 갖는다. 하지만 끊임없이 문제가 배출되도록 개방한다면, 합리적 추론에 의한 지식에 근거하여 명확한 규칙에 따라 상대적으로 기능하게 될 것이다. 자가분석은 어느 누구의 전유물도 아닌 것이다. 가장 비합리적인 부분을 개방하려면 최대한 엄격하고 명료하게 나아가야 한다. 이는 자가분석이 지닌 역설 중 하나이기도 하다.

## 1. 누가 자가분석을 두려워하는가?

일반적으로 정신분석학자들은 자가분석에 호의적이지 않다. 그리고 이 영역에 대한 진정한 연구임을 입증할 수 있는 저서의 수는 정신분석 임상을 다룬 저서에 비해 상대적으로 적다. 사람들이 흔히 말하는 것처럼, 이러한 사실은 자가분석의 실천이 정신분석의 고객을 감소시킬 위험성이 있다는 것을 의미하는 것일까? 그렇지 않다. 오히려 그것은 반대의 결과를 가져온다. 자가분석을 실행하는 사람들은 그 작업이 쉽지 않다는 것을 알게 되며, 그래서 상담을 찾는 사람이 그렇지 않은 사람보다 더 많기 때문이다. 흔히 분석가들은, 무의식에 관한 모든 작업의 중요한 축을 구성한다고 알려진 전이에 대해 자가분석은 고려하지 않는다고 비난한다. 하지만 비록 다른 방식이라 할지라도 전이는 일상생활에서도 나타난다는 것(4, p. 31), 그리고 자가분석의 중요한 관심 중의 하나가 현실에서 전이를 정확하게 식별하는 것임을 분석가들은 알아야 한다. 몇몇 정신분석가는 자가분석이 정신분석에서 나타나는 저항을 극복할 수 없다고 이야기한다. 자아는 무슨 수를 써서라도 현 상태를 유지하려고 하기 때문이라는 것이다. 사실, 그런 한계는 늘 있어왔다. 왜냐하면 분석은 저항을 극복하기 위해서가 아니라, 오히려 저항을 인정하고 그것의 과도함을 조절하기 위한 것이기 때문이다. 많은 사람은 자가분석의 단독 실행이 정신분석을 종교적이거나 철학적인 것으로 이끌지 않을까 걱정하고 있으며, 프로이트 역시 이 점에 대해 매우 걱정한 바 있다. 그러나 이러한 종류의 변형은 자가분석에만 해당되는 것이 아니며, 전문가 그룹이나 학회에서도 일어날 수 있는 위협이다. 이렇듯 자가분석에 대한 정신분석학계 전반의 불신은 근거가 거의 없다. 오히려 이러한 불신은, 자가분석에 확고한 지위를 부여하다가도 그것이 불가능한 실천이라고 생각한 프로이트의 망설임이 반영된 것이라고 볼 수 있다. 불가능, 이는 정확히 정신분석에만 해당되는 말이 아니고, 다른 숙련된 분야에도 해당되는 말이다. 그러므로 위험을 확인하고 피하는 방법을 알아보기 위한 질문은 모두가 해야 할 일이다.

사실 자가분석이 쉬운 일은 아니다. 무의식에 관심을 갖는 것은 '판도라의 상자를 여는 것'과 같다. 헤시오도스의 이야기에 따르면, 판도라는 신들이 만든 최초의 여성이다. 그녀는 땅에 내려오자마자 순수한 호기심이 발동하여 기어이 모든 악을 담아둔 상자를 열었고, 모든 악은 그녀의 실수로 지구상에 퍼져버렸다. 성서에 나오는 이브도 이와 유사하다! 그들은 함축적인 인물이며 다양한 해석을 불러일으킨다. 무의식의 소리를 듣는 것은 억압된 욕망이 다시 살아나도록 하는 것이고, 사람들이 관심을 기울일 준비가 되어 있다면 그 욕망은 더욱 간절하고 집요해질 것이다. 만약 욕망들에 약간의 질서를 부여한다면 조금은 나아질 것이다. 그러나 욕망들을 모두 재구성한다는 것은 거의 불가능하다. 그리고 우리는 그것들이 서로 화합할 수 없고 모순적인 것임을 금새 알아차릴 것이다. 헤시오도스가 말한 것처럼 우리의 판도라 상자는 모두 악으로만 채워져 있거나 모두 선으로만 채워져 있지 않다. 여러 신화가 이를 뒷받침하듯이, 우리 내면은 이질적인 욕망으로 가득 차있어 다른 욕망들의 무한성을 무시하지 않으면서 특정한 하나의 욕망을 만족시키는 것은 불가능하다. 따라서 자가분석은 항상 좌절에 부딪힐 수밖에 없다.

자가분석의 단점은 또 있는데, 이는 더 잘 알려져 있다. 예를 들어 실수행위를 빨리 전염시킨다는 것이다. 실수행위에 대해 말을 하면 할수록, 또 관심을 갖게 되면 될수록 우리는 더 많은 실수를 하게 되고, 그래서 마음이 더 불편해진다. 억압된 욕망을 발견하게 되면 그것을 행동에 옮기고 싶은 유혹에 빠지며, 욕망을 만족시키기 위한 여러 방법이 떠오른다. 반면에 자기 자신의 소리를 듣고자 하면, 어린 시절부터 애써 정리하고 아무것도 아닌 것인양 내버려두었던 장애 요소, 장벽, 금기 등이 다시 요동치게 된다. 그리고 정신적으로 어려운 시기에 자가분석을 더 많이 하는 경향이 있기 때문에 더욱 더 취약해지기 쉽다. 이는 집단의 가치를 상대적으로 보거나 스스로 외톨이가 되는 결과를 낳는다. 장기간에 걸친 자가분석이 자기애적 철수와 과도한 의식화儀式化를 촉진하는 것은 드문 일이 아니다.

디디에 앙지외에 의하면, 이러한 형태의 변화는 특히 강박신경증 환자에게 빈번히 일어난다. 실제로 마음의 구조는 어떤 식으로든 이러한 현상의 영향을 받는다. 우리는 우리의 마음을 심층적으로 동요시키는 충동을 관리하고 체계화하기 위해, 그리고 그 욕망에 얼마간의 질서를 세우고 대응하기 위해 증상을 정교하게 만들어낸다. 마음이 이러한 요구에 부응할 때 우리는 다음과 같은 두 가지 과도한 행위에 직면하게 된다. 첫째는 증상에 의해 야기된 제방과 방어막의 붕괴로 인해 우울증, 행위 표출, 불안정 등과 같은 대상기능 상실을 일으킨다. 둘째는 이와는 대조적인 것으로서, 증상은 분석이 진전될수록 더 방어적으로 되고 과도하게 경직화되어, 기대했던 것과는 반대의 결과를 얻는다. 강박신경증 환자나 편집증 환자는 방어를 정교화하여 두 가지 상반된 과도함을 밝히는 데 관심을 기울인다. 강박증 환자는 반추하는 데 골똘하여, 무의식의 모든 징후를 끝없이 분석하며 추적한다. 편집증 환자는 특정한 설명에 가치가 있다고 생각하고, 그것을 입증하기 위해 필요하다면 망상으로까지 나아간다.

## 2. 자가분석에 대한 다방면의 관심

자신에게 위험이 다가온다는 것을 인지하는 순간부터 자가분석은 많은 이점을 가져다준다. 우선 자가분석은 우리에게 폭넓은 사고와 이해를 하도록 한다. 얼마 전까지만 해도, 선조들에 관해 사람들이 아는 지식은 선사시대의 몇몇 요소의 연장선에 있는 고대 로마인에 관한 지식이 전부였다. 이를 바탕으로 오늘날의 우리는 수백만 년 전의 인류에 대해 추론할 뿐이다. 이와 동일한 방법으로, 자가분석을 하는 주체는 자신의 즉각적 의식이 이해할 수 있는 모든 인식의 범위를 벗어나 있는 미지의 힘과 공간을 찾아낸다. 또한 그는 자신을 사로잡는 충동이 삶과 죽음 둘 다에 관련된다는 것과, 가장 견디기 어려운 것은 침묵적이라는 점도 인식한다. 충동이 표출될 수 있도록 함으로써 주체는 틀에 박힌 삶의 위험을 줄이고, 충동과 연관된 리비도적 잠재성을 자유롭게 하여 가장 생생한 힘을 자신이 원하는 방향으로 끌어올 수 있다. 두려워하며 자기애로 철수하는 것은 우리가 생각하는 것 만큼 이상적이지 않다. 무의식에 대한 이해는, 가장 잘 받아들일 수 있고 가장 잘 드러난 우리의 행위에서 생성되는 것이 아니라, 일상생활로 짜여진 행위라는 직물을 자르거나 더럽히는 것에서 생성된다. 자가분석은 자기 만족을 장려하기보다는, 오히려 문제 제기를 지속적으로 부추긴다.

그러나 장기적으로 볼 때 이 작업의 근본적인 장점은 주체의 알려지지 않은 부분과 의식적으로 유추되는 사고思考 사이의 대화를 점진적으로 가능하게 하는 데 있다. 자가분석이 진전할수록 증상과 실수행위는 더 중요해지며, 점점 현재의 표현을 명확히 함으로써 질문과 관점을 이끌어낸다. 여기서 우리는 프랑수아 페리에 François Perrier가 무의식의 나타남을 점진적 히스테리화hystérisation progressive로 명명한 것을 목격한다. 이는 경멸적인 표현이 아니다. 히스테리는 그 성향이 있는 사람이 선호하는 표현 방법이다. 어떤 사건이 우리에게 합리적 사유를 넘어 영향을 줄 때, 이는 종종 그 영향력이 평가되지 못했던 과거의 상황을 발견하고 더 잘 이해할 수 있게 하는 기회가 된다.

자가분석자는 자신도 모르게 작동하는 감정을 식별하여 역동적인 힘으로 변형하는 효율적인 방법을 사용한다. 일반적인 편견과는 달리 자가분석은 단지 지적이고 정신적인 것이 아니며, 오히려 강력한 감정을 각성시키고 움직이게 한다. "자가분석의 결정적인 어려움은… 우리를 무의식의 힘 앞에서 이성을 잃게 하는 감정적 요인에 있다"고 카렌 호나이는 말한다(18). 어떤 사람은 한걸음 내딛을 때마다 자신을 마비시키는 억제할 수 없는 수치심에 사로잡힌다. 분석은 단지 이러한 수치심을 찾아내고, 원래의 상황으로 다시 돌아가게 하고, 그 근원을 찾아내는 데만 그 의미가 있지 않다. 자가분석은 꿈, 새로운 생각, 의도하지 않은 성공 등과 같은 무의식의 발현으로 이러한 수치심을 긍지로 역전시키거나 행동을 효율적으로 하게 한다(10). 후회가 삶의 원동력이 되고, 죄의식이 자신감으로 변하고, 의기소침했던 사람이 행동하는 사람으로 변하는 것은, 이러한 순간에 익숙해진 덕택이다.

### 3. 자가분석은 주로 누구를 대상으로 하는가?

소외된 사람, 직업적으로 불안정한 사람, 재정적 수단이 충분하지 않은 사람 등이 주로 자가분석을 선택한다. 실용적이라는 이유에서다. 그렇지만 사람들은 적어도 자가분석을 시작하기 전에 정신분석가와 몇 차례의 상담을 원하며, 때로는 그 과정을 통해 핵심에 접근한다. 오늘날 이와 같은 상황은 드문 일이 아니다. 자격 있는 분석가와 접촉을 유지하며 행하는 자가분석은 진정한 개인 작업을 가능하게 한다. 정신분석의 문화적 성과를 정의하기 위해 장 라플랑슈는 '벽 너머의 정신분석psychanalyse hors les murs'이라는 표현을 썼다. 이는 자가분석에 매우 적합한 표현이다. 왜냐하면 자가분석은 정신분석가의 진료실 밖에서 행해지며, 심지어 분석학교 밖에서 이루어지는 등 장소와 경계와 시간을 넘어서기 때문이다. 자신이 원하는 장소와 시간에 몰입하여 자가분석을 수행할 수 있는 것이다.

이러한 형태의 정신분석은 분석을 마친 사람들에게 더 적합한데, 이후 그 효과를 지속하고자 할 때 유용하기 때문이다. 조이스 맥두걸은 분석 종료를 기준으로 자가분석의 적합성을 추정한다. 분석을 마쳤다고 해서 문제가 완전히 해결된 것은 아니라는 이유에서다. 그럼에도 몇몇 분석가는 피분석자가 다른 분석가를 찾아 이리저리 돌아다닐 위험 때문에 자가분석을 권유하지 않는다. 그러나 그런 경우는 거의 없다.

프로이트가 초기에 그러했듯이 독자적인 방법으로 자가분석을 원하는 사람들은 여전히 존재한다. 디디에 앙지외는 자가분석에 앞서 개인적인 정신분석을 하는 것은 불가피하다고 평가했다. 반대로 카렌 호나이는 필요한 경우에 분석가에게 자문을 받으러 갈 준비가 되었다면 그것으로 충분하다고 생각했다. 호나이는 자가분석자를 두 범주로 구분한다. 첫 번째는 위기나 일시적 어려움에 봉착한 경우의 자가분석, 즉 상황의 자가분석autoanalyse de situation을 실천하는 사람들이다. 이들은 모든 것이 제자리를 잡는 순간 자가분석을 그만두거나 제껴놓는다. 자가분석은 실제적으로 가치 있는 조력자다. 자가분석은 어떤 선택을 할 때 확신을 주며, 장애와 일시적 증상, 관계의 어려움, 고뇌, 불면 등을 해결하고, 특히 깊은 열망으로 더 많은 관계를 맺도록 한다. 두 번째 범주는 카렌 호나이가 체계적 자가정신분석auto-psychanalyse systématique이라 칭하는 것인데, 이것에 진정으로 몰두하는 사람들이 있다. 그들은 그 작업을 가능한 한 길게, 그리고 오랫동안 끌고 간다. 이는 일상적 사건에 좌우되지 않고 중요한 연구적 가치를 부여하기 때문에 명백히 가장 실리적인 형태다.

종종 또는 산발적으로 실행하는 자가분석은 정신분석에 입문하는 가장 좋은 방법이다. 프로이트는 『일상생활의 정신병리학』, 『농담과 무의식의 관계』, 그리고 이와 동일한 맥락의 많은 글을 집필하는 데 수고를 아끼지 않았다. 이는 분명히 자신이 발견한 것에 주변 사람들이 관심을 갖고 그것을 세상 사람들에게 전파하게 하려는 취지였을 것이다. 아인슈타인은 프로이트의 이론이 '불명확'하고 '오해의 소지'가 있다고 생각했지만, 이후 자신의 80세 생일에 놀랄 만한 증언을 했다. "얼마 전까지 나는 당신의 이론에 내재된 진실을 받아들일 수 없었습니다. 하지만 최근에 접한 어떤 소소한 사례가 나에게 다른 해석이 배제되었다는 확신을 주었습니다"(1936년 4월 21일 편지).

이러한 모험에 뛰어들려면 어느 정도의 나이가 필요할까? 전통적 치료법에 대해 의견이 나뉘는 것과 같이, 여기서도 의견은 갈라진다. 어떤 사람은 50세가 지나면 문제를 효율적으로 처음부터 재검토하는 데 필요한 정신적 유연성이 떨어진다고 판단한다. 그러나 이는 현실적으로 그 사람이 지닌 성향에 따라 매우 다르다. 존경받을 만한 연령에 도달했을 때 분석에 마음을 연 사람이 누구인가를 찾는다면, 앞에서 인용한 아이슈타인의 경우가 가장 훌륭한 사례가 될 것이다.

## 4. 구성 요소

자가분석에 대한 개념을 명확히 살펴보자. 사전적 정의는 현재의 연구가 다루는 주제를 거의 반영하고 있지 않아 일반적으로 불충분하고, 생략된 부분도 많아 보인다. 자가분석에는 최소한 네 가지의 보완적 접근법이 있으며, 이를 중요한 순서대로 언급하면 다음과 같다.

자가분석을 하게 되면, 우선 우리가 별 게 아니라고 여기거나 정당화하려는 경향을 보이는 꿈, 실수행위, 이상한 짓, 괴리, 모순, 대비 등 자신의 삶과 관련되어 있으면서 무의식으로 봉인된 것에 특별한 관심을 기울이는 개방성을 보인다. 이에 대한 섬세한 실행이 이어지도록 약속할 수 있다면, 우리는 모든 표출에 유연하고 생생하게 주의를 기울이게 될 것이다. 이를 실행하기만 하면 이미 자가분석은 시작된 것이다. 정신분석을 원하는 사람은 다음과 같이 말한다. "나는 내가 이해할 수 없는 여러 행동을 했습니다. 나는 놀라운 생각을 하고, 나답지 않은 꿈을 꾸었습니다. 그래서 나는 누군가와 함께 그것들을 분석하고 싶습니다." 그는 이미 자가분석 혹은 선행 분석의 유형을 실행하고 있다. 그리고 이는 그 후에 매우 상서로운 일이 될 것이다.

두 번째로, 자가분석은 최소한의 조정과 구조화를 필요로 한다. 자가분석이 '벽 너머에서' 행해지는 것이라 해도 마찬가지다. 전통적 치료에서는 무의식의 산물이 마음껏 작동할 수 있도록 하는 시간이나 장소, 적절한 방법 등이 고안되어 있다. 그러나 개인적 용도로 기질과 취향에 따라 새로운 방법을 취하는 것도 가능하다. 어떤 사람들은 장 자크 루소처럼 걸으면서 자가분석을 하는 것이 더 쉬울 수 있다. 또 어떤 사람들은 조깅을 하면서 자가분석을 하기도 한다. 어떤 사람들은 오늘날 표현이 무제한적으로 가능한 웹 공간에서 자유롭게 글을 쓰면서 자가분석을 한다. 글쓰기는 수정과 보완을 할 수 있기 때문에 단연 높이 평가되는 방법이다. 카렌 호나이는 "기록된 연상의 최대 이점은 차후에 기록을 다시 볼 수 있다는 것이다"라고 기술한다(18, p. 150). 전통적 치료방법처럼 반드시 정해진 규칙에 따를 필요는 없다. 일상적인 상황이든 매우 자극적인 상황이든, 자가분석에 대해 꾸준한 관심을 두는 것만으로도 충분하다.

세 번째로, 이러한 조건들이 충족되면 이제는 적절한 방법이 필요하다. 일반적으로 이를 위해서는 생애 초기의 자연발생적인, 즉 처음도 없고 끝도 없어 종잡을 수 없는 무의식적 과정과 매우 유사한 생각의 형태로 진행할 것과, 심적 결정론[23]의 요구에 따라야 할 것을 권유받는다. 이는 분석적 치료를 위해 공표된 '기본 규칙'과 동등한 가치가 있으며(20), 이를 바탕으로 제한없이 마음의 산물을 모두 드러내야 한다. 그렇지만 사실 우리는 실수행위를 다룰 때 각자가 방어하는 유형에 따라 매우 다른 방법으로 처리되는 것을 보게 된다.

---

23) 모든 정신현상은 물리현상과 마찬가지로 인과관계에 의해 결정된다는 프로이트의 이론(표준국어대사전). – 역주

마지막으로, 자가분석은 또한 가설, 관점, 해석 등 어떠한 것에도 고착되지 않은 상태에서 수행해야 한다. 대체로 사람들은 이와 같은 수행이 핵심이라고 믿는다. 하지만 자기분석의 핵심은 오히려 달콤한 케이크 위에 장식으로 얹힌 쌉쌀한 체리일 수도 있다. 자가분석은 종종 씁쓸하며 오랜 여정을 요구한다. 정신분석적 인간은 얼굴도 없고 이미지도 없는 인간이다. 그는 자신이 다른 사람이나 세상과의 관계에서 최선을 다하지만 가장 이질적인 목적을 가지고 어디로 튈지 모르는 충동적인 럭비공 같다는 것을 발견한다. 그래서 그는 자신에게 익숙한 근본적 욕망의 갈피를 잡고 침착성을 유지하면서 자신의 이야기를 분명하게 재구성하고자 노력한다. 그러나 대개의 경우 해석은 마치 더 깊이 파는 작업을 허락하는 터널 속의 지지대처럼, 새로운 구조로 자연스럽게 다가온다. 그럼에도 불구하고 자가분석은 갑자기 존재의 의미를 완전히 바꾸는 밝은 조명을 비춘다. 그리하여 자가분석자는 포기할 수밖에 없다고 믿었던, 깊이 뿌리박힌 근본적 욕망을 자신에게서 발견한다.

요약컨대, 프로이디안적 자가분석은 다양한 형태의 미지에 대한 개방성, 자신과의 정기적이고 지속적인 만남, 사물에 대한 암호를 풀기 위한 적절하고 유연한 방법의 사용, 신중하고 개방적인 해석 등의 요소로 구성된다. 분석의 출발은 경찰의 수사와 매우 흡사한데, 실제로 어떤 분석가들은 이러한 장르의 위대한 고전 작품에 관심이 많다.

## 5. 채워야 할 조건들

자가분석은 섬세한 실행이며, 몇 가지 요구 사항을 전제로 하는 작업이다. 그 중에서 첫 번째 요구 사항이 가장 중요한데, 모든 사람과 단절된 은둔지 같은 곳에 고립되어서는 안 된다는 것이다. 그러면 자가분석을 하지 못한다. "누군가에게 말하지 않는다면 진정한 자가분석은 없다"고 디디에 앙지외(1, p. 731)는 적고 있다. 그저 자신의 삶에 대해 이야기하는 것이 아니라, 마치 프로이트가 플리스에게 한 것처럼 실수행위와 꿈에 대해 두려워하지 않고 자유롭게 말할 수 있어야 한다. 만약 자신을 고립시키면서 광장공포증에 대해 자가분석할 수 있다고 믿는다면, 그는 바로 곤경에 처할 것이다. 철수할 때를 신경쓰는 것은 자기 성찰이 아니다. 무의식은 세상에 대해 반응하기 때문에, 자가분석은 항상 자신을 둘러싼 세상 속에서 정신을 다잡고 해야 하는 일이다. 결국 사람들은, 대부분의 무의식적 산물이 자신의 과거와 관련된 순간에 뿌리를 두고 있으며 현재의 관계에서 그 의미를 찾을 수 있다는 것을 알게 될 것이다. 완전히 고립되어 인생의 위험을 느끼는 사람은 누군가에게 말하기 시작하는 것부터 관심을 가져야 한다. 한걸음 더 나아가 자가분석은 자신을 둘러싼 하나 혹은 그 이상의 정신분석적 환경과 관계 맺는 것을 전제로 한다. 어떤 사람들은 기초 서적이나 시사물을 읽으면서, 혹은 정신분석적 삶에 관심을 기울이면서, 또는 컨퍼런스와 세미나, 동아리를 찾아다니면서 관계 맺기를 한다.

이러한 독특한 실행은 존재의 불확실성에 저항하는 견고하고 강한 동기를 필요로 한다. 이를 위한 첫 번째 동기는 스스로 발견하는 방법을 찾는 것이다. 우리는 자신의 감추어진 욕망을 더욱 분명히 보기를 바라며, 자신 안에 내재된 비밀을 더욱 꿰뚫어 보기를 바라고, 자신을 계속 사로잡는 관계를 확인하길 바란다. 프로이트는 이러한 것을 새로이 발견할 때마다 느끼는 커다란 만족감을 감추지 않았다. "그에게 있어 발견의 즐거움은 정말로 남다른 것 같았다"고 알랭 드 미졸라는 기록하고 있다(2, p. 23). 교육과 건강 분야 종사자에게 발견의 즐거움은 정당한 동기 부여가 되지만, 단지 발견에만 몰두하게 되면 상처받기 쉽다. 자가분석의 두 번째 동기는 모든 정신분석에서와 마찬가지로 가장 효과적이다. 이 동기는 바로 우리가 장애, 불편함, 실패 등을 야기하는 정신적 고통이다. 프로이트에게 모험에 착수하도록 힘을 주고, 그를 더 멀리 나아가게 한 추동력도 정신적 고통이었다. 그래서 자가분석은 더 많은 자기애를 필요로 한다. 그렇지만 자기애는 일관성이 없고 대립적이며, 가장 심연적이고 접근하기 어렵다. 세 번째 동기는 첫 번째 요구 사항의 보완재로서, 타인에 대한 사랑이다. 이는 무의식을 더욱 가까이 인식하는 동시에 더욱 신비롭게 한다. 자신에게 내재된 미지의 심오함을 자가분석을 통해 발견하지 못한다면, 어떻게 타인을 사랑할 수 있겠는가?

면밀히 검토하는 진정한 능력 없이는, 존재의 심연으로부터 듣지 못하는 것을 듣거나 드러나게 할 수 없을 것이다. 위대한 창조자들에게는 한정된 기간에 포기를 감수하고 집중하는 비범한 재능이 있다. 자가분석을 할 때도 이러한 능력이 요구된다. 이를 실행하기 위해서는 신속한 '전환 능력', 도무지 알 수 없는 것이 침범해도 힘과 이익을 끌어내기 위해 용인하는 능력, 궁극적으로는 회복을 위해 침잠하는 능력 등이 요구된다.

모든 것에 대한 답을 요구하는, 이른바 정밀과학 분야에서 자가분석은 특히 필요하다. 산도르 페렌치는 1912년에 다음과 같은 글을 썼다. "더 나아가 나는 이렇게까지 주장하련다. 이러한 자가분석의 원리가 지켜진다면, 오늘날 끊임없는 일련의 변혁과 고비용의

에너지를 많이 쓰기만 하는 과학은 좀 더 균형잡힌, 동시에 유익하고 신속한 발전을 하게 될 것이다"(위의 글, p. 217). 이는 말할 것도 없이 인문과학에도 들어맞는 말이다. 정신분석 임상가가 삶의 모든 분야에서 무의식이 발현되도록 관심을 가진다면, 인문과학은 점진적으로 향상될 것이다. 뇌와 행동에 관한 모든 지식은, 오늘날 점점 더 정밀해진 도구의 도움으로 획득한 것이라 해도 달라지는 일은 없을 것이다. 즉, 무의식은 해부학이나 동물행동학의 법칙과는 다른 법칙에 따라 작동하며, 신경과학적 설명은 매우 유용하다 할지라도 인간 행동의 내용을 자세하게 밝히는 데는 결코 충분하지 않을 것이다.

3장

# 꿈에 대한 자가분석

*"깨어있는 사람은 단 하나의 세상을 공유하지만*

*잠들어 있는 개인은 자신만의 특별한 세상을 향한다."*

-헤라클리트

자가분석은 프로이트가 꿈 자체를 인간의 표현으로 인정하면서, 그리고 인간의 표현을 해석하기 위한 하나의 방법으로 꿈을 채택하면서 시작되었다. 그는 무의식에 도달하기 위한 '왕도'에 관해 말했고, 그때부터 꿈은 정신분석의 모든 분야에서 특권의 위치를 차지했다. 그렇지만 그의 연구는 진정한 학습을 필요로 했다. 왜냐하면 꿈은 그 해석의 열쇠를 잃어버린 이상한 언어로 표현되었기 때문이다.

프로이트는 꿈을 샹폴리옹[24]이 로제타석 덕택에 해독한 이집트의 상형문자에 비유한다. 일반적인 어떤 규칙에 따라 꿈을 꾼다고 해도, 꿈꾸는 사람 자신의 고유한 관용어로 꿈의 의미를 해석하는 경우가 많다.

## 1. 『꿈의 해석』과 자가분석

『꿈의 해석』 초판을 읽으면, 우리는 이 책의 대부분이 프로이트가 1895년 7월부터 1899년 말까지 행해진 자가분석의 결실이라는 것을 분명히 알게 된다. 프로이트가 자신의 작업을 구조화하는 이론적 진술을 증명하고 예시하곤 했던 대부분의 것은, 그의 생애에서 가장 큰 결실을 맺은 이 시기의 분석일 것이다. 『꿈의 해석』은 자가분석의 훌륭한 모범서이기도 하다.

모든 것은 1895년 7월 24일 아침 이르마Irma에게 주사를 놓는 꿈과 함께 시작된다. 프로이트는 특별히 고통스러운, 그리고 모든 종류의 직관을 통해 창의성을 발휘한 한 해를 보낸 뒤, 비엔나 근처

24) 프랑스의 이집트학 연구자. -역주

의 벨뷰 호텔에서 여름 휴가를 보내고 있었다. 프로이트가 처음 이 꿈을 언급할 때 그는 여전히 비염을 치료하기 위해 코카인의 도움을 받고 있다는 것을 밝히는데, 이는 그가 이 물질의 무분별한 사용을 완전히 끝내지 않았다고 생각할 여지를 준다(17, p. 113). 또한 이 시기는 그가 『과학적 심리학 초고』를 집필하고 있을 때이기도 한데, 이 책에서 그는 뇌 기능이 작용하는 규칙과 심리적 표현을 지배하는 규칙을 병립시키려는 노력을 하고 있다. 이르마의 꿈에 관한 자가분석을 통하여 우리는 첫 번째 자가분석 사례의 과정을 보게 된다. 이 과정을 거쳐 프로이트는 주요한 전환기를 맞게 되고, 마침내 정신적 기능의 비밀을 풀기 위한 방법을 발견한다. 이 분석은 꿈이 어떻게 나타났으며 여러 달 동안에 나타난 일련의 사건을 어떻게 압축했는가를 발견한 것으로서, 그 시기의 프로이트의 주요 관심사를 보여준다. 즉, 이 꿈은 1895년 3월 이르마라는 사람의 수술로 인해 손상된, 친구 플리스의 이상화된 이미지를 살리기 위한, 그리고 동시에 자신을 정당화하기 위한 꿈이었다. 이 꿈은 그에게 꿈 같은 삶이 터무니없는 것도 아니고 자신과는 무관한 다른 세계의 정신에 의해 결정되는 것도 아니라는 증거를 제시한다. 이 꿈은 하나의 의미가 있으며, 이 꿈에 접근하는 것은 가능하다고 그는 말한다. 이를 가능하게 하는 것은 진정한 직관적 인식이다. 이 시기의 신경학 연구는, 꿈의 해석이라는 새로운 길이 심화되고 그 자리를 대체하게 되면서 어중간하게 남아 있었다 해도 과언이 아니다.

다음은 이미 잘 알려진 사실이다. 1896년 10월 23일 아버지가 사망한 후 프로이트는 분석의 결과를 보여주는 저서를 집필하기로 결심했다. 무엇이 그로 하여금 꿈에 관한 첫 번째 저서에 전념하도록 했으며, 수년 전부터 탐색하고자 애썼던 정신현상 이론의 중심부에 자리 잡도록 했을까? 그가 이 책의 도입부에서 내세우는 논거는 매우 분명하다. "꿈의 연원을 설명할 수 없는 사람은 공포, 강요된 생각, 그리고 정신착란적 생각에 대해서도 이해하지 못한다. 그래서 결국에는 그것들에 대해 치료적 요법을 사용하려고 한다"(13, p. 15). "꿈에 대한 연구는 신경증 환자를 연구하는 데 있어 가장 훌륭한 예비교육이다"(p. 80). 그는 무엇보다 먼저 꿈의 비밀을 간파하고 신경증 환자의 치료를 용이하게 하도록 노력했다.

프로이트는 또한 꿈의 상속인이자 계승자의 역할을 하며 좀 더 광범위한 맥락에서 집필을 했다. 유대인의 전통 문화는 그에게 무엇보다도 꿈의 산물과 이에 대한 해석에 관심을 갖는 데 영향을 미쳤다. "해석되지 않은 한 꿈은 읽지 못하는 글자와 같다"고 어느 유명한 랍비는 기록했다(히스다 랍비, 클로드 비제의 인용, 위의 글). 이와 동시에 프로이트는 꿈에 특권적 위치를 부여한 독일 낭만주의에 큰 영향을 받았으며, 몇몇 해석에서는 괴테, 하이네, 클라이스트, 실러, 셸링 등을 인용하기도 했다.

정신분석을 연구하는 대부분의 학자들은 『꿈의 해석』이 특히 아버지를 기념하고 존경을 표하는 일종의 탁월한 기념비라는 것에 동의한다. 1908년 프로이트는 두 번째 판 서문에 다음과 같이 썼다. "이 책은 나에게 또 다른 의미, 즉 내가 단번에 마무리한 작품이라는 주관적 의미가 있다. 나는 이러한 의미가 나의 자가분석, 아버지의 죽음에 대한 반응 – 가장 중요한 사건이며 인생에서 가장 가슴 아픈 상실 – 에서 비롯된 것으로 이해했다." 1920년 2월 12일 그는 아버지를 잃은 어네스트 존스에게 다음과 같은 편지를 썼다. "아버지가 돌아가실 때 내 나이는 자네의 나이와 거의 같았네. 아버지의 죽음은 내 영혼을 대혼란에 빠지게 했다네."

『꿈의 해석』이 무엇보다 아버지를 넘어서서 아들로서 언제나 갈망했던 중요한 발견을 마침내 하고, 모든 사람 앞에서 이를 진술할 기회가 되었다는 것을 나는 『보다-보이다Voir-être vu』(6)에서 언급한 바 있다. 그는 이 위험한 모험에 자신을 던짐으로써 그 시대의 미디어에 자신을 부각시키고 이름이 알려지기를 원했다. 그는 상상 속에서 다음과 같은 어귀가 쓰인 팻말을 집 앞에서 보았다고 플리스에게 쓰지 않았던가? "여기서 꿈의 비밀이 발견되다." 오늘날의 사회에서도 흔히 볼 수 있는 이러한 과시욕은 그의 행보에 중요한 요인이 되었다. 또한 그는 꿈의 해석을 통해 자신의 개인적 문제를, 같은 길을 가고자 하는 모든 사람에게 지침을 주는 보편적 관점으로 진전시켰다(10).

## 2. 자신의 꿈을 어떻게 분석하는가?

프로이트의 저서는, 자신의 꿈을 분석하고 싶어 하는 사람들이 사용하는 실용적 매뉴얼이자 이론적 에세이다. 프로이트는 자신의 저서를 관통하는 이러한 정신에 충실하여, 꿈이 어떻게 생성되고 개인이 그것을 어떻게 활용할 것인가에 대해 연이어 진술한다. 그는 자신이 제시한 방법의 효력을 우선 경험하거나 확인하지 않으면 사람들이 자신의 해석을 받아들이지 않을 것이라고 생각했다. 이러한 관점에서 『꿈의 해석』은 20세기의 『방법론 서설Discours de la méthode』과도 같다. 『방법론 서설』에서 세 개의 자가분석을 처음으로 시도한 데카르트는 잠자는 동안의 정신현상을 지칭하기 위해 '꿈rêve'이라는 단어를 프랑스에서 처음으로 사용한 사상가다.[25] 그

25) N. Fabre, 『데카르트의 무의식L'Inconscient de Descartes』, Bayard, 2003.

렇지만 그는 '정념passions de l'âme'보다 의식적 주체가 더 우월하다는 것을 계속 강조했다. 프로이트는 이 위계를 뒤집어 놓았으며, 정념을 되짚어 보면서 정념의 폭발을 분석하기 위한 열쇠를 제시했다.

이 방법은 이르마의 주사注射에 관한 『꿈의 분석』 2장에서 소개되는데, 주로 자가분석자들을 의식한 것이다. "타인을 관찰하는 것보다는 오히려 자기를 관찰하는 것이 더 유리하다. 어쨌든 우리는 자신을 관찰할 수 있는 데까지 해볼 권리가 있다"(13, p. 140). 꿈 분석의 첫 번째 단계이자 가장 세심한 주의가 필요한 단계는, 그가 처한 상태에서 '원치 않는' 생각과 표상이 떠오르도록, 수면에 들어가기 이전의 단계('그리고 또한 최면의 상태'라고 프로이트는 밝힌다)와 유사한 생각 및 이완 상태를 만드는 것이다(p. 137). 수면에 들어가기 직전 혼수상태에 빠질 때 각자는 자신의 정신이, 각성된 생각과는 매우 다른 이미지와 표상으로 가득 차 있다는 것을 알게 된다. 가능한 한 '두 개의 강江' 사이의 상태를 찾아내는 것과 그곳에 평화롭게 자리잡는 것이 이 단계의 목표다. 그러면 더욱 쉽게 이른 아침의 수면 상태와 유사한 상태에 빠지게 된다. 모든 형태의 자가분석에서 이러한 조건은 선행되어야 한다. 그리하여 비판이나 거부, 즉각적으로 드는 어떤 판단도 스며들지 않도록 해야 한다. 프로이트는 실러의 말을 인용한다. "비평가들은 모든 진정한 창조자에게서 발견되는, 그리고 꿈꾸는 자와 예술가를 오로지 시간의 길이로 구분하는 순간적이고 일시적인 광기를 부끄러워하거나 두려워한다"(p. 139). 따라서 우선적으로 어떤 비판도 조심해야 하며, 가장 엉뚱한 것을 포함하여 자신을 나타내는 모든 요소를 동일한 방식으로 다루어야 한다. 놀랍게도 자가분석은 다루어야 하는 모든 데이터에 대해 평등하고 민주적이다.

꿈의 분석 두 번째 단계는 꿈 이야기를 별개의 순서로 나누는 것으로 이루어진다. 프로이트는 이에 대해 이전 학자들의 방법과는 확연히 구분되는 관점을 강조한다. 그는 상징을 찾는 것으로 시작하여 전체적으로 꿈에 접근하는 것에 반대한다. 그에게 꿈은 가능한 한 분리된 부분으로 분해해야 하는 '정신적 형성물의 총체'(p. 139)인 것이다. 따라서 짧은 문장, 이상한 단어, 주의를 끄는 이미지 등은 꿈을 꾸는 상황에 따라 해석이 달라진다.

세 번째 단계는 꿈을 꾸기 전에 일어난 사건, 그리고 꿈으로 재현되는 데 중요한 역할을 할 수 있는 사건을 연상하는 것으로 이루어진다. 카렌 호나이에 의하면 "꿈을 유발하는 자극 요인에 꿈을 연결시키기 전에는 꿈을 이해할 수 없다"(18, p. 145). 이르마의 꿈을 분석하면서 프로이트는 자신이 '사전 보고서'라 칭한 것에 단락 전체를 할애했다. 거기서 프로이트는 간단히 이르마가 누구인지, 그의 행동과 그가 직면한 어려움이 무엇인지 이야기한다. 그리고 특히 프로이트는 꿈꾸기 전날, 자신을 정당화하기 위해 이 분야의 권위자인 동료와 나누었던 자신의 사례 이야기를 써내려갔다고 했다 (p. 142). 그가 이를 통해 이후에 전개되는 연상 작업을 명확하게 밝힌 것은 분명하다. 그는 그 꿈을 꾸게 한 것이 무엇인지, 특히 그러한 관계를 맺게 한 것이 무엇인지를 찾아내는 데 목표를 두었다.

이후에 비로소 프로이트는 자신이 적용한 그 유명한 '자유연상 법칙'의 규칙을 밝혔다. 그는 저서에서 연속된 장면을 하나하나 분리해서 살핀다. 그리고 즉각적으로 머리에 떠오르는 생각들을 적어 놓는다. 그런 후 그는 그것을 신속하게 코멘트한다. 그는 특히 뭔가 이상한, 변형된 표현이나 복잡한 표현에 관심을 가졌다. 예를들어 이르마의 주사에서 '프로필렌…'이 '트리메틸라민'으로 변형되는 경우가 그런 것이다. 그는 중복이나 반복을 신경 쓰지 않고 써내려가는 자유연상을 실행했다. 그리고 자유연상의 사슬은 각각 다른 길을 지나 서로 결합되고 보완되어, 어떤 억압된 생각으로 인도된다는 것을 밝혀냈다. 그 속에서 그는 자신이 '잠재 내용'이라고 명명한 것을 발견한다. 그리고 꿈의 현재 내용manifest content (꿈을 꾼 사람이 명시적으로 기억해내는)과 잠재 내용latent content (내부에 잠재해 있는 소망을 표현하는)을 구별한다.

꿈의 분석 다음 단계는, 소망에 상응하는 무의식적 욕망을 찾아내어 숙고하는 것이다. 이처럼 소망을 표현하기 위해 꿈을 활용하면, 특히 고통 속에 머물러 있는 욕망을 표현할 수 있다. 정신분석가들은 소망과 욕망의 차이에 대해 자주 주석을 단다. 프로이트는 꿈을 소망의 표현이라고 말한다. 그러나 이 소망은 유독 뿌리깊은 무의식적 욕망에 의해 지지되기 때문에 자신에게만 중요할 뿐이다. 혹자는 프로이트가 이르마의 꿈을 소망의 예로 분석해 꿈을 소망으로 한정한다고 비판한다. 그러나 이러한 유형의 꿈에서 리비도적 이면을 밝히는 것은 쉽지 않다. 이르마는 분석가의 어떤 욕망을 일깨웠는가? 프로이트는 이에 대해 전혀 이야기하지 않았고, 우리는 그를 대신해 대답할 권리가 없다.

반면에 우리는 프로이트가 이르마 꿈의 초기 좌표로, 특히 자신의 접근법으로 끝내 돌아가지 않은 점을 아쉬워한다. 왜냐하면 이러한 것이 바로 의미가 있는 중심축이기 때문이다. 나는 프로이트가 그 전날 저녁에 권위있다고 인정되는 동료에게 자신을 정당화하기 위해 이르마의 사례에 관한 이야기를 기술한 것을 기억하는데, 이 꿈은 그런 자신에 대한 진정한 변호로 보인다. 만약 꿈을 꾼 사람이 무언가 할 말이 있다면 이는 대화자와 관련이 있는 것이고, 꿈은 그의 지지를 얻고 싶은 욕망을 표현하는 것일지도 모른다. 인정받고자 하는 이러한 신호는 매우 중요하다. 꿈에 대한 자가분석은 이러한 신호를 인정하도록 하고, 그것에 대한 중요도를 측정하게 한다. 이와 같은 사실은 특히 카우치에 누워서 받는 고전적 분석에서 명백하게 드러난다. 다시 말해 꿈의 대부분은 어떤 욕망의 표현이며, 또한 누군가에게 이를 인정받고 싶은 욕망의 표현이라는 것이 분명해지는 것이다.

이러한 관계적 측면이 꿈을 구성한다. 나는 『보다-보이다Voir-être vu』(6)에서 이 관계적 측면에는 항상 세 개의 각기 다른 중심축이 작용한다는 것을 제시했다. 첫째는 미국의 정신분석가가 꿈의 스크린이라고 지칭하는 것에서 유래하는 모성적 유형이다(B. D. Lewin). 이미지 구성의 역할을 하는 이 꿈의 스크린은 몽환 상태의 표현에 영향을 미치는 좀 더 일반적인 기본 형태다. 둘째는 프로이트의 독보적 분야인 부성적 유형이다. 이는 꿈에 나타나는 이야기를 가공하는 결정적 역할을 하는데, 이때의 꿈은 종종 수수께끼처럼 나타난다. 셋째는 형제적 유형이다. 이는 꿈의 이미지 형상화와, 뒤따라 나타나는 이미지의 순서를 결정한다. 꿈은 이 세 가지 기준 안에서 발전되고 의미가 생기며, 경우에 따라 이런저런 부수적인 우선권을 갖는다.[26)]

**26)** "부성적 전이는 필요하다. 그러나 어째서 모성적 전이 혹은 동료에 대한 전이는 […] 덜 유용할까?", G. 그로덱이 S. 페렌치에게 쓴 편지, 1922년 11월 12일.

프로이트가 처음으로 비판한 상징적 혹은 은유적 해석은 이러한 이유로 존재하는 것이며, 특히 모성적 기준이 중요시되는 경우에 그러하다. 또한 형제와의 관계나 이와 유사한 관계가 모성적 관계보다 우세할 수도 있는데, 이런 경우 꿈의 해석은 주로 이미지에 기초한다. 모든 사람에게 유사한 이야기(벌거벗은 꿈, 시험 보는 꿈, 사랑하는 사람이 죽는 꿈 등)로 나타나는 '전형적인 꿈'의 경우가 바로 이에 해당된다(p. 280). 이러한 해석을 위해 프로이트는 '부차적' 방법을 궁리했다(p. 281, n. 1과 p. 406). 이 방법은 꿈이 동일한 주제를 다루는 문화적 산물에 의한 것임을 밝히고, 이에 상응하는 어린 시절의 기억으로까지 거슬러 올라간다. 예를 들어 '벌거벗은 임금님' 이야기를 비롯한 벌거벗은 꿈은, 자신의 성적 이미지를 기꺼이 과시하던 어린 시절의 재출현으로 읽힐 수 있다. 사실 그 꿈은 엄밀히 말해서 자신의 성에 대해 말하는 것이 아니라, 동료들에게 표현하고픈 욕망, 특히 그가 마음에 간직한 소중한 욕망과 그들로부터 인정받고 싶어 하는 욕망을 말한다.

## 3. 해석의 장애물

「여자 동성애가 되는 심리」(1920)라는 소논문에서, 프로이트는 자신이 분석한 소녀가 어떻게 단시일 안에 '사실이기에는 너무 아름다운 꿈'을 말하게 되는가를 상세히 기술한다. "나는 어느 날 그녀의 꿈을 믿지 않는다고 선언했다. 나는 그녀에게 그 꿈은 거짓이고 위선적이며, 자신의 아버지를 속여온 것처럼 나를 속이려는 의도가 있다고 말해주었다. 이러한 설명을 하는 순간 이런 종류의 꿈은 사라진다는 것은 맞는 말이다"(OCF. P, XV, p. 255). 이것은 꿈이 우리에게 보여주는 첫 번째 암초다. 거짓말이라 하더라도 이는 꿈을 꾼 주체의 욕망이 아니라, 오히려 그녀가 접근하고 싶어 하는 사람을 즐겁게 해주려는 욕망의 표현이다. 덧붙여 말하자면 이는 거짓된 꿈 이야기가 타인을 위해 마련된 것이라는 것을, 그리고 이러한 접근도 고려하여 해석되어야 한다는 것을 보여준다. 자가분석을 수행하는 사람은 이러한 상황이 치료 장면에서 등장할 뿐, 자가분석의 경우는 해당되지 않는다고 생각할 수 있다. 그러나 불행히도 그렇지 않다!

꿈에 오해의 소지가 있는데도 이 꿈을 가지고 잘 해석해 낼 수 있을까? 이 꿈이 정반대의 것일지라도 언제나 우리에게 가르쳐줄 무언가가 있을까? 이러한 종류의 꿈은 무언가를 기대하는 꿈에서 자주 나타나는데, 그 꿈에서 사람들은 아무런 어려움 없이 장애물을 극복한다. 요컨대 가장 이상적인 것에 상응하는 완벽한 꿈인 것이다. 따라서 우리는 그것이 누구에게 즐거움을 주기 원하는지 자문하면서 분석을 시작해야 한다. 프로이트는 자신이 직접 느끼는 감정에 따라 앞의 젊은 여성 환자의 꿈을 이해했다. 그리고 이를 통해 그녀가 동성애적 애착을 부인하고 있음을 밝혀냈다. 거짓 꿈은 가까운 사람의 욕망을 불러일으키려는, 그리고 문제가 되는 성향을 숨기려는 술책이다.

연속적으로 나타나는 꿈들은 서로 커다란 연관성이 없는 것처럼 보이는 경우가 있다. 아무런 득이 없는 대화로 회기를 채우기도 하는 전통적 치료법에서 이런 경우를 보는 것은 드문 일이 아니다. 꿈의 연속성은 자신의 욕망을 억제하고 타인의 기대에 맞추려는 모범생적 증후군의 발현이다. 그리고 이러한 욕망의 세포 증식 뒤에 숨어 있으려는 개인적 욕망을 찾아내기 위해서는 많은 인내심과 시간이 필요하다. 소재가 풍성한 꿈은 욕망에 접근하는 것을 방해하는 경우로 끝나는 경우가 있는데, 이는 자가분석에서도 마찬가지다. 이는 물고기를 익사시키는 것과 같다. 따라서 이런 경우에는 일정 기간 꿈의 산물을 한쪽으로 밀어두고 다른 무의식적 산물에 모든 주의를 기울이는 것이 좋다.

또 내담자들은 이와는 정반대의 과잉에 대해 자주 불평을 한다. 그들은 꿈을 기억하지 못하거나 거의 꿈을 꾸지 않는다고, 그리고 꿈은 매우 진부하다고 말한다. 물론 그것은 틀린 생각이다. 왜냐하면 모든 사람은 꿈을 꾸며, 신경학자의 연구가 이를 입증했기 때문이다. 진정한 문제는 오히려 꿈을 꾼 뒤의 망각에 있다. 아버지와의 관계를 선호하는 프로이트에 의하면 망각은 단순히 저항의 문제이며(p. 565), 어째서 기억나지 않는지를 끈기있게 찾다 보면 꿈은 기억에 떠오른다. 프로이트는 여기서 '심리적 검열의 힘'이 망각에 미치는 영향을 본다(p. 569). 사실 문제가 더 심각할 때도 있는데, 이는 비단 오늘날에 와서 시작된 것이 아니다. "플루타르크의 『영웅전』에 의하면, 트라시메데스는 잠을 자면서 꿈을 전혀 꾸지 않았다. 그는 (…) 꿈을 꾸지 못하는 사람은 신에게 버림받는다고 공표될까 봐 두려워했다."[27] 꿈을 박탈당한 사람은 가장 내밀한 정신적 생활과 사회적 생활 사이에 존재하는 괴리에 의해 희생된 자다. 사람들이 과거부터 심하게 폄하해온 영혼과 육체의 이분법은 역설적인 방법으로 재구성된다. 정신신체 의학자들은, 특히 신체를 쓰지 못하

27) C. Carraud의 『컨퍼런스Conférence』, 2004, n° 18, p. 14에서 인용.

거나 알레르기, 건선, 직장결장염, 두드러기, 종기 등 특정 유형의 병에 걸린 환자들이 오래전부터 꿈을 꾸지 않는다는 것을 처음으로 발견했다. 반대로 꿈으로의 귀환은 신체적 장애라는 퇴행을 자주 동반한다. 자신의 꿈을 거의 기억하지 못하는 사람들은 마지 못해, 또는 주변의 요구를 고려해 당면한 현실에 머물고 만다. 그들은 내적 창의성을 간과한다. 내가 앞에서 언급한 세 가지 관계적 기준은 현실적 중요도에 따라 서로 대체된다.

그래서 오늘날 자가분석을 수행하는 이들은 다음과 같은 목적을 염두에 둔다. 현 상황을 뒤엎고 다시 꿈 속의 삶과 생생한 접촉을 하는 것이다. 만약 그가 어떠한 제약없이 자신의 꿈을 떠올리며 글쓰기를 통해서라도 꿈과 더욱 친밀한 관계를 맺기 시작한다면, 그는 자가분석을 할 수 있게 될 것이다. 많은 사람이 자신의 꿈을 기억하지 못하는 것은 무엇보다도 고독 때문이다. 어떤 상황이 자신을 건드릴 때 엄습하는 감정에 기꺼이 몸을 맡기면서, 잊힌 상상적 삶의 모든 흔적을 기록하며 시작하라. 마치 우주물리학자가 화성에서 존재했던 물의 흔적을 찾는 것처럼 ! 그렇게 하여 일단 꿈의 단서가 나타나면 그것은 매우 단편적인 형태로 모습을 드러내는데, 그것을 매우 신중하게 포착하고 지나간 흔적들과 자유롭게 결합시키라. 마침내 꿈이 다시 머리에 떠오르면, 꿈 속의 목소리를 되살리기 위한 모든 작업을 해야 한다. 이렇게 꿈에 대한 감수성을 높이는 작업은 생명에 활력을 가져온다. 왜냐하면 그것이야말로 진정한 '영혼의 숨쉬기'이기 때문이다. 꿈과의 접촉이 모두 끊기면 우리는 질식하여 마비된다.

### 4. 꿈 해석의 기여

프로이트가 자신의 꿈을 자가분석함으로써 오늘날 우리가 물려받은 이익은 이루 헤아릴 수 없이 크다. 이는 이론적 혹은 기술적 관점에서만이 아니다. 그가 플리스에게 보낸 편지에서 밝힌, 일시적이지만 힘들게 하는 많은 증상—위염, 두통, 심장병 등—은 현저하게 개선되었다. 기차여행에 대한 공포와 로마에 갈 수 없었던(1901년까지) 자신의 여행 불능 문제도 마찬가지였다.

오늘날 자신의 꿈 분석에 전력을 기울인다면 이에 상응하는 효과를 기대할 수 있을까? 예단하기는 쉽지 않다. 하지만 꿈에 대한 자가분석은 분명히 증상의 중압감을 낮추는 좋은 방법이다. 또한 자가분석은 한 세기 전부터 정신분석에서 잇달아 성공적으로 발견한 것들에 대해 내면적으로 접근할 수 있는, 그리고 자신의 고유한 문제에서 이로운 것을 끌어낼 가능성을 찾기 위한 가장 좋은 방법이다. 꿈을 꾸고 자신의 꿈에 머물러 목소리를 듣는다는 단순한 사실은 정신적 유연성을 잃지 않도록 해준다. 프로이트는 꿈 활동이 결코 멈추지 않는다는 것에 주목한다. 꿈은 소리 없이 낮에도 계속되고, 우리가 그것을 알아차리지 못해도 생각의 흐름에 영향을 미친다. 나름의 방식으로 어떤 꿈을 해석해낼 때, 이는 여러 증상을 개선할 뿐만 아니라 우리의 삶에 매우 커다란 활력을 준다. 또한 꿈의 해석은 마음 깊이 스며 있는 비밀을 이끌어내는 동시에 종종 새로운 관계를 맺도록 길을 열어주기도 한다.

꿈에 대한 자가분석은 자신의 창의성을 일깨우고, 그만큼 타인의 창의성을 더욱 민감하게 느끼는 결과를 가져온다. 폴 발레리는 자신의 꿈을 자주 기록했다고 한다. 꿈과 함께하는 삶은 꿈꾸는 자로 하여금 특히 작가와 다양한 장르의 창작자, 시인 등의 세계와 대화를 나누도록 하고, 자기 존재 중 가장 창의적인 부분과 관계를 맺도록 도와준다. 꿈에 대한 자가분석은 개인적 영혼의 삶과 집단적 영혼의 삶 사이의 관계를 만들고 개선해주는 통로다. 꿈에 생기를 불어넣기 위해 자기에게 몰입하는 사람은, 강이 잘 흐를 수 있도록 강에 뛰어들어 진흙으로 메워진 개천을 정비하는 정비원, 혹은 자연이 되살아나도록 적절한 시기와 장소에 물이 솟아나오게 하는 신중한 지하수맥 탐사가와 같은 역할을 한다. 이러한 맥락에서 회화적 혹은 문학적 창조 작업을 능가하는 것은 없다. 꿈은 창조 작업을 하는 사람들의 몽환적 삶과 매우 밀접하게 연결되어 있으며, 우리의 꿈은 자주 예술작품과 접촉하면서 깨어난다. "우리는 꿈이 만든 직조물이고, 자잘한 우리의 인생은 잠으로 둘러싸여 있다"(셰익스피어, 『템페스트』).

그렇지만 꿈에 대한 자가분석이 주는 가장 큰 이점은, 우리에게 내재해 있는 충동과 욕망의 무한한 변종을 찾아내고 이에 대한 파생물을 제공하는 데 있다. 브레즈 파스칼의 유명한 내기[28]는 잘 알려진 이야기다(Pensée n° 233). 그는 이렇게 말한다. "우리는 신성한 요구에 맞추어 오늘을 살면서 미래의 삶에 대한 수많은 약속에 내기를 걸어야 한다. 그렇게 함으로써 우리는 지금 덕을 갖추는 동시에 행복해질 수 있다. 그리고 이후에도 '끝없이 행복한 삶의 무한성'을 획득할 기회를 갖는다. 신의 말씀에 순종하지 않는 자는 동시에 두 가지를 모두 잃을 것이다. 즉, 사후에 아무것도 없다고 믿는 자는 나중이 있다면 아무것도 얻지 못할 것이다. 반면에 영생을 믿고 신앙적 삶을 산 자는 사후에 아무것도 없다고 해도 적어도 잘 살

28) 신이 존재한다는 쪽에 내기를 하여 이기면 영생을 얻고, 진다 해도 잃을 것이 없다는 논리로 무신론자를 설득하기 위한 논증. – 역주

아왔다는 만족감을 가질 것이다." 파스칼의 내기에 대해 1969년 1월 자크 라캉은 신의 언어를 타자의 무의식의 언어처럼 이해해야 한다고 말한다. 그런데 사실 이 무의식의 언어에는 살면서 쌓여온 여러 가지 만족에 대한 약속이 기록되어 있다. 이러한 이유로 우리는 무한한 욕망에 머무르거나, 때로는 모순되는 욕망에 머무르게 되고, 그 욕망들은 모두 막중한 리비도적 부담을 지게 된다. 우리의 꿈은 욕망을 일깨우는 환경에 따라 욕망이 실현되는 훌륭한 공간이고, 이러한 욕망은 한없이 다양하다. 우리가 조화로운 낮 생활을 원한다면, 욕망에 내기를 걸고 이에 흥미를 가지는 것은 당연한 일일 것이다.

## 5. 꿈에 대한 자가분석 사례

이 장에서 꿈 사례를 들지 않는다면, 꿈에 대한 자가분석을 충분히 다루었다고 할 수 없을 것이다. 프로이트는 임상 사례를 들지 않고서는 자신의 방법을 드러낼 생각을 하지 않았다. 다음은 그의 저서에서 제시된 자가분석 과정에서 해석이 딸린 꿈 이야기다.[29] "나는

29) 이 꿈 이야기는 『컨퍼런스Conférence』 잡지에 처음 게재되었다. 위의 글.

처가의 가족 모임에 참석했다. 그리고 그곳에서 좀 더 가벼운 옷으로 갈아입기 위해 우리는 모두 옷을 벗어야 했다. 나는 탈의실로 개조된 부속실에 가서 한껏 멋을 낸 캐시미어 양복을 벗었다. 나는 알몸에 목욕가운을 걸친 채 거실로 다시 돌아왔고, 가족 모임이 시작되었다. 잠시 후 나는 내가 이런 모습을 한 유일한 사람이라는 것을 알아차렸고, 아무도 관심을 갖지 않았지만 나는 당황했다. 그리고 마침내 나는 이러한 상황에서 다시 옷을 입으러 가겠다고 소리쳤다. 나는 옷을 벗어둔 방에 도착했지만 불행하게도 그것을 다시 찾을 수 없었다. 나는 탈의실을 담당하고 있는 젊은 시종을 불렀다. 그는 나와 함께 옷을 찾았으나 아무것도 찾지 못했다. 그 순간 한 무리의 사람이 방에 몰려들었다. 그들은 이 방에서 시작된 일종의 예배행렬에 참여했고, 그리고 나의 차림은 더욱 더 당황스러울 뿐이었다. 나는 아무 성과 없이 돌아왔고, 화가 나서 아내에게 소리질렀다. "이런 일이 일어난 것이 벌써 두 번째야. 더는 가족 모임에 가지 않겠어."

이 꿈을 꾼 후 떠오른 프로이트의 첫 번째 연상은 다음과 같았다. "그 전날 저녁 나는 '처남의 생일을 축하하기 위해 전화하는 것을 잊지 말아야지'라고 중얼거렸다. 또한 그의 첫 번째 손자가 출생했다는 소식을 들었기 때문에 이에 대한 축하도 염두에 두었다. 나는 손자의 출생 소식을 듣고 상당히 불만스러웠다. 그의 며느리가 출산할 때 위험할 정도로 출혈이 심했기 때문이다. 그런데 내가 지난해 이와 유사한 문제를 경험했고 정기적으로 정보를 주고 받았음에도 이에 대해 아무도 내게 말해주지 않았다. 이런 정황으로 미루어보아 아마도 나는 그에게 상처를 주지 않을 정도의 적절한 비난 문구를 마음속에서 찾고 있었던 게 아닌가 싶다." 사실 그의 꿈은 꽤 시각적인 방법으로 소망을 성취한다. 왜냐하면 그것은 이렇게 말하는 것과 마찬가지이기 때문이다. "다른 가족들이 침묵을 지킬 때도, 나는 필요하다면 옷을 벗으며 내 생각을 말한다. 나는 내가 유일하게 노출된 사람이라는 사실에 발가벗겨진 느낌을 받았다." 이러한 해석은 즉각적이고 자발적으로 마음에 떠오르고, 내가 더 펼치지 않았던 것에 대해 많은 언급을 할 수 있도록 길을 터준다.

왜냐하면 그는 뒤이어 다음과 같이 꿈에 대해 다른 내용을 언급하기 때문이다. "잃어버린 좋은 양복에 대한 강조는, 그 전날 내가 살고 있는 마을의 새로운 영안실 앞을 우리가 지나가고 있었던 것을 상기시켰다. 나는 아내에게 농담으로, 필요하면 우리가 어디서 되돌아올지를 알게 될 것이라고 말했다. 처갓집에 있으면 나는 아쉽게도 돌아가신 부모를 연상하게 되는데, 이 역시 옷이 벗겨진,

감춰지지 않고 드러나는 생각을 보여준다. 나는 전날 저녁 모리스 알박스Maurice Halbwachs의 『자살의 원인Les Causes du suicide』에 나오는 짧은 글을 읽었다." 프로이트는 이 글의 몇몇 구절을 기억하여 인용한다.[30] 마침내 양복을 벗으면서 프로이트는 다른 사람들을 더 이상 배려할 수 없다는 불편한 느낌과, 알박스에 의해 상기된 사회적 사망이 도래했음을 표현한다.

그렇지만 꿈에서 흔히 일어나는 것처럼, 가장 수수께끼 같고 가장 궁극적으로 시사하는 바는 결말에 있다. "이러한 일이 일어난 것이 두 번째야. 더는 가족 모임에 가지 않겠어." 어째서 그는 이런 문장으로 종결지을까 ? 이에 대해 그는 다음과 같은 성찰을 한다. "내 가족의 드라마는 두 형이 어린 나이에 죽었다는 것이다. 아내와의 대화 장면에서 일어난 '두 번째' 사건은 둘째 형과 관련이 있다. 그는 아홉 살에 자동차에 치여 쓰러졌다. 당시 나는 여섯 살이었고, 부모님은 사건을 수습하는 기간에, 그리고 장례식날에 나를 낯선 사람에게 맡겼다. 이것이, 그 후로 내게서 떨쳐지지 않는, 내가 낯선 가족 속에 있다는 인상을 처음으로 받은 바로 그 순간이었다." 이를 통해 그는 자신의 가족이 아닌 다른 가족 한가운데서 벌거벗

30) Halbwachs, 『자살의 원인Les Causes du suicide』, Puf, 2002, p. 314-315.

겨져 있다는 느낌을 새로이 밝히게 된 것이다.

그러나 어째서 벌거벗은 느낌일까? 형이 사라졌을 때 프로이트는 고통을 느끼지 않았음을 기억한다. 왜냐하면 그는 형이 차지했던 첫째 자리를 물려받았기 때문이다. 사실 그에게 마술처럼 일어난 사건 이후 그는 자꾸 아프고, 허약하고, 발육이 좋지 않았다. 자신에게 어떤 문제가 있는지를 알지 못했던 까닭이다. 그는 처남을 보면 사라진 형이 생각나고 형과 관계된 치명적인 폭력의 기억이 되살아났다. 그가 꿈에서 경험한 불편함의 근원이 처갓집에 있다는 사실이 발견된 것이다. 사실 이에 대한 적절한 개념은, 처남을 형의 자리로 전치시킴으로써 그가 처남에게 공격성과 동시에 애착을 보이는 '양면성'이다.

꿈 분석이 이끌어나가는 곳이 바로 이 지점이다. 꿈에 대한 프로이트의 자가분석은 별것 아닌 사소한 소망을 노출시키고, 자신을 곤경에 처하게 한 에피소드와 그 밑에 감추어진 저의를 찾아내게 한다. 프로이트가 궁극적으로 추구하는 것은 양면성에 대한 적절한 표현이며, 그가 이전에 겪었던 난처한 일들을 다시는 경험하지 않도록 표현하는 것이다. 이는 또한 이제는 명확해진 그의 욕망을 인정하는 것이기도 하다. 지난날 그가 자신을 비난하지 않고 인정했던 것처럼 말이다.

4장

# 실수행위에 대한 자가분석

*"큰 사건은 작은 실마리를 통해 발견된다."*

-지그문트 프로이트(16, p. 82)

"정신분석을 가장 잘 보여줄 수 있는 것은 무엇인가? 꿈, 그것만이 왕도인가?"라고 장 라플랑슈는 질문한다. "『정신분석 입문』을 다시 읽어보면, 강의는 꿈으로 시작되는 것이 아니라 실패 행위 Fehlleistungen[31] (이는 사실 '실패 작동opérations manquées'으로 번역되어야 한다)으로 시작된다는 사실을 알고 놀라게 된다. (…) 이 책에서 말하는 인

31) 실패fehl와 실행leistungen의 합성어. -역주

간은 오류를 범하거나 실수행위를 할 수 있는 존재인 것 같다. 실수행위는 '무의식'이 존재한다는 것을 입증하는데, 이 실수행위에는 그 주체가 거부하거나 있는 그대로 인정할 수 없는 메시지가 있다" (21, p. 102).

프로이트는 독일어 어휘의 특수성을 사용하면서 이 실수행위를 꽤 특별한 범주로 자리매김하려 했다. "실수행위라는 어휘는 바로 접두사 ver－Versprechen(언어의 착각), Verlesen(해독의 착각), verlegen(방황하다), verlieren(잃다)－가 가지고 있는 내적 유사점이 (독일어로) 표현된 부수적 산물이다"라고 그는 『정신분석 입문 강의』의 재판에서 기술했다(16, p. 21). 오류, 망각, 오해, 큰 실수, 서투름 등 모든 유형의 실수행위를 프랑스어로 말할 때도 사람들은 일반적으로 이러한 내적 유사점의 특수성을 이해한다. 이러한 실수행위는, 특정 규칙을 준수하고 해석에 주의를 기울이고 미묘한 차이를 유지할 때 자가분석을 위한 자료가 된다.

## 1. 몇 가지 기본 규칙

프로이트에게도, 일상생활에서 가장 터무니없고 사소한 행동조차 의미가 없지 않다는 것을 증명해내기는 쉽지 않았다. 이와는 반대로 오늘날 특정한 환경에서, 타인에게 내재된 행동을 지적하고 해석하는 권위를 부여받았다고 확신하는 사람이 너무 많다는 이야기가 들려온다. '남의 눈에 티끌은 보면서 내 눈의 들보는 보지 못한다'는, 티끌과 들보에 관한 격언은 다른 어느 곳에서보다 여기서 더욱 의미가 있어 보인다. 그 실수행위가 무엇이라 할지라도 말이다. 이 격언은 자신의 행위가 부적절하다는 것을 강조하는 것이지만 – 왜 아니겠는가? –, 만약 행위자가 원한다면 그 자신이 거기서 교훈을 이끌어낼 수 있다. 오늘날 흔히 행해지는 것처럼 '타인을 대신해 자가분석을 하는 것'은 가능하지 않다. 꿈을 꾸기 위한 비결이 없는 것처럼, 실수행위에 대한 선험적 해석이란 존재하지 않는다.

어째서 이것은 불가능할까? 결국 무의식은 모두 유사한 규칙에 따라, 그리고 비슷한 충동으로부터 돌출된다. 이는 맞는 말이다. 하지만 무의식에는 각각의 고유한 근원과 특별한 역사가 있다. 그래서 동일한 반응이라도 사람에 따라, 순간에 따라, 맥락에 따라, 때로는 행위를 이루는 자질구레한 구성요소에 따라 그 의미가 완전히 다르다. 지구 한편에서 시작된 나비의 날갯짓이 수십만 킬로미터 떨어진 곳에서 태풍을 촉발하듯이, 실수행위로 표면에 나타나지만 지각되지 않는 무의식적 지진은 때로는 사소한 차이 하나로도 충분히 유발된다. 아리스토텔레스는 인간의 행위는 자신이 처한 고유한 상황에 따라 해석되어야 한다고 말했다. 실수행위도 마찬가지다. 즉각적으로 인식되는 사실의 범위를 넘어 때로는 존재의 깊은 심연으로 빠져드는 점을 제외하면 말이다. 게다가 명료한 일관성을 표현하고 중요시하는 인간의 의식적 행위와는 달리, 무의식적 행위는 다중적이고 다양한 의미를 지니면서 다른 충동들과 갈등을 빚기 때문에 해석은 더욱 복잡해진다.

만약 선험적으로 해석할 수 없다면, 이 또한 사물에 대한 견해를 곧잘 왜곡하는 것으로 잘 알려진 정신적 과정의 활동, 즉 투사 때문이다. 대개는 이론가의 투사이며, 때로는 친지의 투사, 호의적인 동료의 투사일 수도 있다. 실수행위에 직면한 사람들은 불가피하게 이 직면을 거북해 하거나 불편해 한다. 왜냐하면 자신도 모르는 낯선 모습이 돌출되기 때문이다. 그래서 사람들은 그 틈새를 메우려 하고, 비명을 지르고 싶은 감정을 억제한다. 그리고 오늘날 각자는 그것을 해소하기 위해 잘 만들어진, 틀에 박힌 수많은 해석서를 따르기도 한다. 사람들은 사물에 대한 자신의 견해에 적합한 옷을 입히기 위해, 자신을 불안하게 하는 무의식의 발현에 그러한 해석들을 투영하는 경향이 있다. 그러나 예상되는 모든 설명을 백지화하고 새롭게 해석을 시작하는 것이 바람직하다.

마지막으로 이야기하고 싶은 것은, 정동의 성향을 미리 속단할 수는 없다는 것이다. 왜냐하면 이는 사람에 따라 명백히 다르기 때문이다. 하지만 적절한 언어와 행동으로 제때 표현되지 않는 감정이나 정동을 수반하지 않는 실수행위는 없다. 유능한 코메디언을 제외하곤 제어되지 않는다. 감정을 깊이 건드리는 요소로 말미암아 정동은 우리 자신도 모르게 폭발한다. 실수행위의 경우 정동은 은폐되며, 예측 불가능한 실수에 의해 유발된 고뇌와 불편함이라는 가면을 쓴다. 정동이 폭발한 후에야 잊었던 단어가 다시 기억나고 잃어버린 물건을 되찾는 순간에 이른다. 그리고 이는 기쁨을 경험하며 긍정적인 모드가 되지만, 진정한 얼굴을 드러내지는 않는다. 그렇기 때문에 자가분석은 계속되어야 한다. 우리는 우리가 가지고 있는 수치심, 죄의식, 애도, 후회, 격노, 시기심, 경멸감을 확인하기 위해, 그리고 이 모든 감정의 표현이라는 우회로를 통하지 않고는 포착되지 않는 감정의 근원이 어디서 유래하는가를 스스로에게 질문하기 위해, 이 달콤한 순간의 에너지를 사용해야 한다.

## 2. 망각 : 열려 있는 무의식

단어에 대한 망각은 가장 흔한 실수행위인데, 이는 프로이트가 자가분석을 시작할 때 처음 사용한 요소다. 이르마의 주사에 관한 꿈을 꾼 후 3년이 지난 방학 때, 프로이트는 이르마의 수술 후 발생한 감염이 플리스가 무언가를 망각했기 -플리스가 거즈를 실수로 엠마의 코 속에 남겨둔 것- 때문에 일어난 일이라는 것을 알게 되었다. 그 해 프로이트는 남부 이탈리아를 방문하여 오르비에토에서 '최후의 심판' 프레스코를 보고 느낀 감탄을 여행 동반자에게 이야기하고 있었는데, 일순간 작가의 이름을 기억하지 못했다. 작가의 이름은 시뇨렐리Signorelli였다. 이 망각을 설명한 3개의 텍스트(1898년 9월 22일 플리스에게 보낸 편지, 논문 「망각의 정신적 메커니즘에 관하여」, 그리고 『일상생활의 정신병리학』)와 수많은 주석을 집약하는 데는 오랜 시간이 걸렸다. 그 내용은 본질적으로 다음과 같다. 이름이 기억나지 않는 것은, 괴롭거나 불편한, 이전의 체계적이지 않은 생각 때문에 일어난다고 프로이트는 간주한다. 여기서 문제가 되는 것은 죽음과 성욕이다. 기 로솔라토Guy Rosolato는 그 후 '최후의 만찬' 그림이 지그문트로 하여금 동생 율리우스의 죽음과 연관된 오래된 자책을 상기시켰다는 것을 밝혀냈다.

이후 프로이트 학파의 텍스트에서는 관용구·외국어·계획·기억 등의 망각과 같은 다른 유형의 망각이 자가분석의 차원에서 검토되었다. 오늘날에도 여전히 인용되는 에빙하우스(1885)와 특히 코르사코프(1889)의 연구를 보면, 그 시대에 망각에 관한 신경학적 연구가 언급되지 않았다는 사실이 흥미롭다. 이는 아마도 망각에 대한 기존의 페이지를 넘기고 완전히 다른 길을 열어야 한다는 것을 의미할 것이다. 알츠하이머 등과 같은 신경학적 망각은 특정한 인구 집단에서 발생하는데, 오늘날에는 행동 연구와 의료 영상기기 덕택에 쉽게 진단할 수 있다. 정신에 기원을 둔 망각은 실제로 모든 사람에게 전생애에 걸쳐 나타난다. 사람들은 자신이 다른 단어나 생각을 모두 선험적으로 잊어버린다는 것을 스스로 인정한다. 그러나 망각한 것을 누군가가 표명하는 순간, 사람들은 그것을 즉시 인식한다.

프로이트가 단어의 망각을 분석하기 위해 권장한 방법은 특히 언어적 표현과 관련이 있다. 우리가 염두에 두고 있는 단어는 있는 그대로의 상태로 유지되지 않는다. 그것은 음소로 분해된다. 그리고 다시 기억되는 순간 우리는 음소 조각들을 단어로 재구성한다. 따라서 예기치 않게 단어를 떠오르게 하기 위해서는, 그 단어를 구성하는 음소가 우리의 마음을 차지하는 것만으로 충분하다. 그래서 프로이트는 다음과 같은 방법으로 진행했다. 처음에는 생각나는 모든 단어를 비판이나 비난 없이 머리에 떠오르도록 내버려둔다. 그런 후에 그 단어들이 연상시키는 것이 무엇인가 하는 자문 과정을 거치는데, 대부분의 경우 이 과정은 방금 전에 일어난 정확한 단어의 기억을 방해하는 생각과 사건을 바르게 안내한다. 이러한 과정을 통해 실수의 이유를 찾은 그는 그 단어들이 마음 속에 파묻어둔 콤플렉스와 결합한다는 것을 알아냈다. 실수는 그에게 있어 망각의 위치와 의미를 탐지하는 기회가 되는 요소였다. 이 분석을 유도하기 위해 그는 주로 형제나 동료들과의 관계를 상정했다. 그 과정은 특히 모든 것을 말할 수 있는 플리스 같은 동료와 함께 있을 때 더욱 풍부해졌다. 그렇지만 망각은 이러한 범주에서만 분석되는 것은 아니다.

『여기Ici』(Gallimard, 1995)라는 제목의 나탈리 사로트Nathalie Sarraute 소설의 두 장章은, 이러한 관점에서 최근에 보완된 프로이트 학파의 해석을 뒷받침한다. 첫 번째 장은 '타마리스tamaris'(p. 17-19)라는 단어의 망각에 관한 것이고, 두 번째 장은 화가 아르침볼도Arcimboldo의 이름에 대한 망각(p. 23-26)에 관한 것이다. 작가가 이 소설을 집필하면서 프로이트의 분석을 생각했는지, 또한 그 화가가 지녔던 가벼운 모순점을 간파했는지는 파악하기 힘들다. 다만 나는 그녀가 이 작품을 쓸 당시 95세의 고령이었는데도 이 망각을 활용할 수 있었다는 점을 강조하고자 한다. 그녀는 자신의 망각을 집필의 주제로 삼고, 대상 혹은 인물이 처해 있는 환경에 진정으로 몰두한 덕에 이 일시적인 장애를 극복한다. 예를 들어 타마리스라는 단어에 접근하기 위해 그녀는 프로이트처럼 머리에 스쳐가는 모든 단어를 떠올리지만 그것들이 적합하지 않다고 결론을 맺는다. 이후 그녀는 어떤 이름이 나무에 자연스럽게 어울리며 자신이 바라는 평화와 안정을 가져다주는지를 탐색하면서, 이름이 기억나지 않은 나무의 고유한 특징과 '자신에게 특별한 흔적들'을, 그리고 누가 그 나무의 의미와 상상에 관해 말했는지를 하나하나 묘사한다. 모든 것은 망각이 야기한 퇴행의 움직임으로 일렁이고, 이윽고 타마리스를 연상하며 느끼는 만족감을 하나씩 음미하면서 궁지에서 빠져나오는 방식으로 진행된다. 이때 망각은, 죽음이나 자궁으로의 회귀처럼 주체를 위협하는 것을 미리 감지한다. 그리고 기억의 재생은, 사물과 연관된 인상에 자극을 받아 표면으로 다시 올라오는 이 움직임에 자신을 맡기는 정도에 따라 작동된다. 기억의 재생 기한을 늦추면 대가를 치러야 한다. 이러한 유형의 망각에서는 어머니와의 관계가 장면을 지배한다. 우리에게 단어의 명명에 대한 욕망보다 침묵과 순수한 감정을 선택하도록 하는, 처음이자 마지막인 신비의 어머니.

또 다른 동시대 작가 파스칼 키냐르는 단어의 망각과 기억을 자신의 특정 주제로 삼았다. 그의 『혀끝에서 맴도는 이름Le Mot sur le bout de la langue』이라는 제목의 소책자가 특히 이것과 관련이 있다(Gallimard, coll. “Folio”, 1993). 이 글에서는 이웃 청년의 연인인 한 여성이 그와 결혼하는 순간에, 딸과 아버지의 관계라는 맥락에서 바로 그 사람의 이름을 망각하게 된다. 이때 아버지의 형상이 하이드빅 드 헬Heidebic de Hel이라 불리는, 모르는 신사의 모습으로 나타난다. 이 신사는, 그녀가 사랑하는 사람이 약속한 장신구를 상속받을 수 있는 방법을 알려준다. 그러나 그 대가로, 일 년 후 그가 돌아올 때 그녀가 연인의 이름을 기억하지 못하면 자신과 결혼해야 한다는 조건을 제시한다. 물론 그녀는 연인의 이름을 즉시 잊어버리고 당황했지만, 사랑하는 남자에 대해 몰두한 덕택에 마지막 순간에 그의 이름을 다시 생각해낸다. 그러자 아버지는 영원히 사라졌다. 이러한 맥락에서 ‘이름을 부르는 것은 살인을 의미한다’. 그리고 이름의 망각은, 특히 아버지의 이름을 부르면 불경죄를 짓는다는 불안과 주로 연결된다. 우리는 성서에 나오는 신의 이름을 부르지 않는데, 그것은 사회통념법상 인간이 해야 할 의무를 신에게는 면제해 주기 위한 것이고, 신에게 비범한 지위를 부여하기 위함이다. 언급되지 않은 것들은 우리의 정신에서 특정한 자리를 차지하고, 다른 것들보다 더 우리의 마음을 난처하게 한다. 왜냐하면 그것들은 그에 상당한 특권적 지위를 요구하기 때문이다. 어떤 이름 혹은 어떤 단어에 대한 망각은 자신도 모르는 사이에 아버지쪽 인물과 연관되어 일어난다. 이 경우, 그것을 발견하기 위해 우리는 가장 직접적인 방법을 사용하여 단순화한다. 즉, 그것을 정확히 아는 적임자에게 접근하는 방법이다. 파스칼 키냐르의 우화에 나오는 여주인공은 사랑하는 남자의 도움을 받는다. 나탈리 사로트는 친척과 통화를 하는 중에 아르침볼도의 이름을 기억하게 된다. 이와 같은 방법은, 명시적으로 표현되지 않은 내용 혹은 아버지의 이름과 연관해 어째서 그 이름이 금기시되었는지 스스로에게 물어보는 것을 방해하지 않는다. 망각이 발생하는 상황에서 어떤 관계가 큰 영향을 미친다 해도, 정신을 구성하는 세 관계 – 형제, 어머니, 아버지 – 가 관련되지 않는 경우는 매우 드물다.

## 3. 말실수 : 무의식이 말을 할 때

프랑스어에는 각 유형의 실수행위에 적합한 표현이 있다. 단어를 잊어버리면 사람들은 '혀끝에서 맴도는 말'이라고 이야기한다. 그리고 말실수를 저지를 때는 즉각적으로 '말이 빗나갔다Ma langue a fourché'고 말한다. 망각에 다양한 유형이 존재하는 것처럼, (오늘날의 타이핑이 기묘하게 확산시키는 수많은 '오타'를 언급하지 않더라도) 잘못 말하기, 잘못 읽기, 잘못 쓰기, 혹은 '오식誤植'과 같은 여러 유형의 작은 실수가 존재한다. 프로이트는 자신이 '오해'라고 부르는 것에 특별히 관심을 갖는다. 그리고 그는 망각에 대해 개인의 사례를 인용한 것과는 반대로, 앞선 저자들의 문장을 인용하는 것으로 시작한다. 이는 언어학자와 관련된 것이라고 말할 필요가 있다.

"알려진 첫 번째 오식은 1457년 푸스트와 쇼퍼Fust et Schoeffer에 의해 출판된 전례용 시편에서 발견된다"고 파스칼 키냐르는 기록한다(Petits traités, I, p. 234). 그렇지만 모든 수도원 지부의 성서 해석자들은, 글쓰기가 존재한 이래 필경사들 사이에서 수많은 오식이 있었고, 오식은 계속 발견될 것이라는 것을 알고 있다. 작가들은 종종 말실수를 사용한다. 예를 들어 셰익스피어의 『베니스의 상인』에서 바사니오에 대한 사랑을 암시하기 위해 포샤로 하여금 말실수를 범하게 한다는 내용을 프로이트는 인용한다. 이미 1880년에 폴 헤르만Paul Hermann은 오식에 대한 연구가 언어의 진화 기제를 밝힐 수 있다고 제시했다. 이 때문에 언어학자들은 이 문제를 매우 일찍부터 인식하고 있었다. 그렇지만 이 분야에 대한 진정한 창시자는 메링거Meringer인데, 그는 1895년에 말실수는 특정한 소리에서 아주 많이 일어난다고 주장했다. 메링거로부터 계승된 언어학 연구는 언어가 급속히 진화하는 현 시대에도 활발하다(M. Rossi, E. Peter-Defare, Les Lapsus, Puf, 1998). 특히 언어학 연구는 대부분의 실수가 음소의 실수에서 기인한다(90%)는 것과, 단어의 실수는 거의 드물며(30%), 자음의 오자는 모음의 오자보다 두 배나 더 많다는 것을 강조한다. 실수의 대부분은 필사 혹은 언어를 매우 쉽게 사용하는 주체에게서 나타난다. 말이 많거나 언어(혹은 필사)의 구사력이 좋을수록 실수를 더 많이 한다.

프로이트는 자신의 접근법이 이전 시대 저자들의 접근법과 어떻게 구분되는지를 강조하면서, 실수에 대한 연구를 시작했다. 이전 시대의 접근법이 서술적이고 실패를 측정하기 위한 연구에 집중되어 있는 반면에, 프로이트의 접근법은 감추어진 진리를 발견하고자 노력했다는 점에서 독창성을 보인다. 이에 도달하기 위해 그는 망각에서 사용한 방법과 동일한 방법을 따른다. “언어의 착오에 대한 해명은, 이전에 우리가 어떤 문장을 말하거나 단지 생각만이라도 했던 적이 있다는 것을 헤아려 볼 때 가능하다"(15, p. 28). 우리는 의식적으로 이것을 말하려 하지만 저것을 말할 수 밖에 없게 된다. 실수는 다양한 표현 사이의 타협을 의미한다. 프로이트는 당사자 자신이 품고 있는 생각이 무엇인지를, 그리고 말하고 싶어 하지 않거나 감히 말하지 못하는 것이 무엇인지를 찾아내는데 오랜 시간이 걸리지 않을 것이라고 누차 기술했다. 이러한 과정은 자신이 이야기를 나누었던 사람이 누구인지를, 그 순간에 걱정했던 것이 무엇인지를 스스로 질문함으로써 더욱 쉽게 이루어질 것이다.

망각이 흔히 어머니 젖가슴으로의 회귀 환상에서 비롯된다면, 실수는 오히려 유혹의 환상과 관련이 있다. 이러한 관점에서 어린이는 우리의 스승이다. 왜냐하면 어린이의 실수는 더욱 직접적이고 더욱 투명하게 드러나기 때문이다. 여기에 실제 사례가 있다. 실수 장면은 식탁에서 일어났다. 아홉 살 난 어린 소녀가 부모와 함께 점심을 먹는다. 의사인 아버지는 아내에게 '서류를 타이프하기 위해' 여비서의 고용이 필요하다는 점을 설득시키려 한다. 아내는 마음이 내키지 않는다. 우리는 그 이유를 쉽게 추측할 수 있다. 조금 후에 어린 소녀는 사랑스러운 모습으로 아버지에게 기대고 세상에서 가장 솔직하게 끼어든다. "아빠, 아빠는 비서와 섹스te taper하고 싶은 거지." 문서를 타이프taper하기 위해 비서를 고용한다는 것이 이렇게 변했다. 어른들은 도저히 생각할 수 없지만 어린 소녀는 부모의 대화에서 기회를 포착하여 '그녀와 섹스하다se la taper'로 해석한 것이다.

때때로 성인은 말실수를 함으로써 더 직접적으로 사람을 매혹시킨다. 프로이트가 우리에게 보여준 첫 번째 증거가 자신의 가정생활에서 끌어낸 사례다(14, p. 122 sq.). 프로이트는 사과를 깨물면서 얼굴을 몹시 찡그리는 딸을 보고 잘 알려진 싯귀 하나를 그녀에게 들려준다. "사과를 깨물 때 원숭이는 매우 익살스러워." 그리고 아이가 자신의 말을 듣지 않자 그는 반복하는데, 이번에는 Affe(원숭이)라고 말하는 대신 der Apfe(수수께끼)라고 말함으로써 실수를 저지른다. 아마도 Apfe는 '사과Apfel'라는 단어에 '원숭이Affe'라는 단어가 접합된 것 같다고 프로이트는 덧붙인다. 얼마 후 어린 소녀는 마담 슐레진저Shlesinger에게 편지를 쓸 때 글자 'l' 대신 'R'로 하여 'ShResinger'라고 칭한다. "이 정신적 전염성에는 이유가 있을까? 그렇다고 말할 수 없다"고 프로이트는 결론짓는다. 사람들은, 놀이에 열중하고 있는 아이를 돌보는 일이 단순하지만 얼마나 어른들을 불편하게 하는지 알고 있다. 아이가 들으려 하지 않을 때는 중요한 이유가 있다. 이와 유사한 상황에서 사용되는 잔소리는 잘 알려져 있다. "깨끗이 먹어라", "식사할 때는 소리를 내지 말아라" 등등. 이 사례에서 아버지는 딸을 원숭이에 비교하는 반응을 했다… 그리고 그는 사과를 '갖다 붙인다'. 그것은 그가 당황해서 어떻게 이야기해야 할지 모른다는 것을 의미한다. 그는 즐거움을 공유하고픈 무의식적 욕망을 드러내면서, 음식을 삼키지 않아 축축한 딸의 혀를 보고 거울처럼 반응하며 말실수를 한 것이다. 아이 역시 그 실수가 의미하는 유혹에 둔감하지는 않다. 왜냐하면 뒤이어 아이는 다른 여성의 이름에서 글자 'l'를 'R'로 바꾸었기 때문이다.

공적인 장소에서 실수를 할 때 억압된 다른 생각이 떠오르는 것을 원치 않는다면, 너무 빨리 만회하려고 노력하지 않는 것이 좋다. 이에 대해서는 최근 신문에 기사화된 교황 요한 23세의 서거를 알리는 라디오-룩상브르의 아나운서에게 일어난 실수의 사례가 있다(F. Marmande, Le Monde, 17 février 2005). "르 파프 에 모르Le pape est mort(교황이 서거했다)"라고 발표하려는 순간에, 그는 "르 포프 에 마르 Le pope est mart(신부는 마트이다)[32]라고 말한다. 아마도 그는 지난달 내내 한 장소에서 방송을 하며 매우 지겨움marre을 느꼈던 것 같다. 그렇

32) mart는 발음이 같은 marre의 '오식'을 표현하고자 하는 것 같다. –역주

지만 그는 훨씬 더 적대적인 감정을 마음속 깊이 느꼈다. 왜냐하면 그는 자신의 실수에 경악하면서 즉각적으로 만회하려고 다음과 같이 소리쳤는데, 이번에는 "르 생 메르 에 포르Le Saint Mère est port(성모는 항구다)"라며 사건과는 직접적인 관계가 없는 말로 더 격한 표현을 했기 때문이다.[33]

## 4. 물건 분실 : 사물에 대한 무의식

물건 분실에 대한 분석은 우리에게 일련의 실수행위의 문턱을 넘도록 이끈다. 왜냐하면 우리는 실제적인, 그리고 때때로 돌이킬 수 없는 결과를 만들어내는 상황에 처하기 때문인데, 이는 현실과 정신의 관계에 대한 문제를 제기한다. 어네스트 존스는 다음과 같이 말한다. "말하자면 의사의 정신요법 성공율은 지난 한 달 동안 모아서 정리한, 잃어버린 환자의 우산, 손수건, 지갑 등의 총량을 통해 측정될 수 있다"(19, p. 350). 자가분석에 대한 관심의 중요성과 놀라운

33) 원래 성모의 프랑스어 표기는 여성형으로 La Sainte Mère이다. 그러나 여기서는 Le Saint Mère, 남성형으로 표기했다. 이는 le pape, le pope가 남성이기에 무의식적으로 le를 사용한 것인지도 모른다. – 역주

현상을 이해하기 위해서는 대도시의 지하철, 기차역, 버스터미널 등의 분실물 보관소를 방문해보는 것만큼 좋은 것이 없다. 보관되어 있는 물건의 양을 보면 그저 놀랍기만 하다. 주인을 찾지 못한 수많은 다양한 분실물을 보는 것만으로도 그 불편을 쉽게 상상할 수 있다. 소유자는 적어도 관련 사무소에 방문하는 등 최소한의 발품을 팔기보다는, 흔히 '포기하기'를 선호한다. 그들은 자신도 모르게 상실한 영혼을 대신해 분실물을 번제물로 바치려는 것일까? 프로이트는 『일상생활의 정신병리학』 첫머리에서 그것을 암시한다. "이제 이러한 영혼은 너무 많아서 누구라도 상실행위를 피할 수 없게 되었다." 사람들은 수천년 동안 이어져온 조상의 관습을 그렇게 쉽게 포기하지 않는다. 그의 딸 안나는 잃어버린 물건을 휴식을 찾아 방황하는 '상실한 영혼'에 비유한다.[34)]

분실에 대한 이런 신비스러운 비유는 또한 정신적 삶 속에서 익숙한 물건에 부여된 특별한 위치와 역할을 역설적으로 가르쳐준다. 그것이 옷이든(웃도리, 스카프, 비옷, 모자, 장갑), 일상생활에서 사용하는 액세서리든(만년필, 우산, 지팡이, 열쇠, 지갑, 가방, 수첩, 손수건), 귀중한 물건이든(반지, 목걸이, 신용카드, 신분증) 소유자에게는 잊힌 의미와 이야기

34) C. York, 위의 글, p. 98.

가 깃들어 있다. 그리고 그 물건은 소유자의 존재 일부를 보관하는 역할을 한다. 이 때문에 사람들은 물건을 잃어버렸을 때 실제로 자신의 어느 한 부분이 빠져나갔다는 느낌을 갖는다. 이는 잘못된 느낌이 아니다. 그 대상이 아무리 상품적 가치가 없다 할지라도 번제물은 결코 하찮은 것은 아니다. 물건을 잃어버린 사람에게 이러한 느낌이 들게 하는 것은 무의식의 의도가 아니다. 무의식은 자신의 소유자가 지니고 있던 감정적 부담을 회복시키기 위해 분실을 사용하는 것이다.

『일상생활의 정신병리학』 7장 '인상의 망각과 의도의 망각'에서 프로이트는 다음과 같은 예를 들면서 물건 분실의 문제에 접근했다(14, p. 239-245). "어째서 나는 얼마 전에 배달된 서적 카탈로그를 잃어버렸을까? 발견하기 어려운 장소에 놓아두고서 말이다." 그리고 그는 바로 다음과 같은 설명을 한다. "나는 배달된 그 카탈로그를 처음 보았을 때 『언어에 대하여Üer die Sprache』라는 저서를 주문하려는 생각을 했다." 프로이트는 친구들에게 그 책을 기꺼이 빌려줄 정도로 그 책의 저자를 매우 높이 평가했다. 친구 중 한 명이 그의 민감한 부분을 건드리며 다음과 같이 말했다. "저자의 글쓰기 스타일이 완전히 당신의 스타일을 생각나게 하고, 사고하는 방식도 비슷하군요." 무엇이 비슷하다는 것일까? 저자의 자만심이? 혹은 프로이트의 주장이 그 저자처럼 독특하다는 것일까? 그의 말에 "아니오"라고 프로이트는 대꾸한다. 이전의 실패로 인한 남겨진 상처가 다시 그를 자극했다. 당시에도 누군가가 그에게 그의 스타일과 기법이 유명한 의사의 스타일과 비슷하다고 이야기한 바 있다. 이와 같은 생각으로 그는 프로이트에게 글쓰기를 권유했고, 프로이트는 단호히 거절했다. 아마도 이러한 경험은 다른 경험에까지 더 멀리 거슬러 올라가야만 할 것이라고 프로이트는 밝힌다. "왜냐하면 나는 그 카탈로그를 찾지 못했기 때문이다." 그리고 그는 찾지 못한 카탈로그에 관한 자가분석 에세이를 다음과 같이 짧은 견해로 결론을 맺는다. "실제로 나는 분실했음을 알아차린 후에 그 책을 주문했다." 마치 이 분실을 경고나 불길한 전조로 간주하고 더는 재론하지 않아야 하는 것처럼 말이다. 그리고 그는 물건을 의인화한 미학교수 테오도르 비셔Theodor Vischer를 인용하면서 '물건의 심술', 혹은 어떤 경우 그것이 우리에게 행하는 '골탕'에 관해 메모한다. 프로이트는 몇 가지 보충을 위해 '전조적 혹은 우연적 행동'에 초점을 맞춘 『일상생활의 정신병리학』 9장에서 문제를 제기한다(p. 333-350).

어떻게 물건 분실을 분석하여 재통합을 용이하게 할 수 있을까? 우선 처음에는, 이전에 만났거나 언급한 인물이 분실의 원인이라는 사실을 포착해보자. 프로이트는 카탈로그의 망각이라는 단순한 사실에 커다란 비중을 두었고, 바로 그런 이유로 충분히 먼 옛날까지 거슬러 올라가 탐색하지 않았으며, 내적으로 관련된 대상까지 거슬러 올라가 생각하지 않았다. 결국 그 대상은 그의 시대의… 저자이지 않았을까? 이런 의문에 이어 우리는 망각을 일으키는 마비는 어디에서 오는지 궁금해진다. 이에 대해 프로이트는 두려움을, 안나 프로이트는 상실불안과 거세불안을 언급한다. 그리고 이번에는 거세 환상이 그 장면을 압도하는 것이 사실이다. 그래서 상실과 연관된 이전의 상황을 기억하면서 무엇이 잃어버린 대상에 의미를 부여하는지 스스로에게 물어봐야 한다.[35] 마지막으로 세 번째 과정이 필요하다. 무엇이 사람들이 처해 있는 특정 상황에서 그들에게 이 희생을 하도록 하거나 조상의 영혼에게 제사를 지내도록 압력을 가하는지 찾아내는 것이다. 이것은 시험에 통과하기 위해서인가, 아니면 어려운 순간에 행운을 빌기 위해서인가, 혹은 미래를 확신하기 위해서인가? 무의식은 때로 우리가 추구하는 목표에 반해 행동하도록 한다는 것을 잊지 말아야 한다. 채용면접을 보러 가는 길에 모든 서류가 든 가방을 잃어버린 젊은이는 그만큼 이 직업을 얻기 위해 조심한 것이다. 아마도 조상에게 이를 번제물로 바치면

35) 다고넷F. Dagognet은 이 주제에 대해 매우 깊이 탐구했다. 『대상의 철학, 철학의 대상 Philosophie des objets, objets de la philosophie』, Les Empêcheurs de penser en rond, 1996.

서 ! 그러나 그렇게 함으로써 그는 경솔한 사람으로 간주된다. 이러한 유형의 물건 분실은 주로 아버지와의 관계를 배경으로 한다.

『일상생활의 정신병리학』 초판이 출간된 지 6년 후, 프로이트는 물건 분실과 특정 대상과의 관계에 관해 다시 방향을 돌려 조명했다. 그리고 이번에는 어머니를 맨 앞줄에 등장시킨다. 그는 여기저기서 모은 다양한 사례를 인용하는데, 다음의 사례를 특별히 다룬다(p. 240). 한 청년은 자기 아내가 매우 사려깊다는 것을 알고 있으며, 또한 실제로 그녀가 그렇게 되기를 마음속으로 바란다. 어느 날 그녀는 그에게 책 한 권을 준다. 그는 그것을 서랍에 잘 간수하지만, 훗날 아무리 애를 써도 찾아낼 수 없었다. 6개월 후 그의 어머니가 병에 걸린다. 그리고 그는 아내가 어머니의 병상에서 보여준 희생에 감격한다. 그는 이런 생각에 잠기며 '몽유병 관련 보험증이 있는' 서랍을 여는데, 거기서 잃어버린 책을 발견한다. 이 이야기를 담은 두 번째 판에서 프로이트는 "이러한 유형 중에서 가장 아름다운 사례"라고 평가했다(16, p. 50). 정신분석 문헌에서는 잘 알려진, 잃었다 다시 찾은 물건에 관한 에피소드를 인용해보자. 프로이트의 손자 에른스트는, 실감개를 가지고 깜짝 놀라는 눈짓의 반응을 하는 할아버지와 놀이를 하고 있었다(OCF. P, XV, p. 284). 이번에도 물건은 타인과 연결되어 있고, 좀 더 구체적으로 어머니와 연결된다. 물건을 잃었다 다시 찾음으로써 아이는 어머니의 부재에 대처하고 멀리 떨어진 어머니와의 관계를 확립하는 법을 배운다. 아마도 수많은 물건 분실은 성인의 삶에서도 여전히 작동할 것이다.

마침내 분실은 닮은 사람이나 형제와의 관계에서 갑자기 나타나기도 한다. 프로이트가 꿈에 관한 장의 마지막 부분에서 언급한 자가분석은, 여섯 살 때 형을 잃은 그가 여러 해 동안 자신의 물건을 계속 잃어버린 사실을 기억나게 했다. 어머니가 그의 친구들에게 다음과 같이 이야기할 정도였다. "잃어버린 옷들을 합하면, 얘한테 사준 옷이 곱절은 될 게다!" 물론 그녀는 자신이 그렇게 말했다고 생각하지 않았다.

1953년 안나 프로이트는 자신의 역자가 '아동의 중요한 현상에 대한 정신분석적 이해에 가장 크게 기여한 것 중의 하나'로 간주한 '분실과 실종'을 주제로 토론회를 개최했다.[36] 그녀는 만성적으로 계속되는 분실을 '세상을 파괴하는 중요한 정신병적 망상'에 비유하고, 모든 재산을 포기하고 청빈을 실천하려는 수도사의 청빈서약에 대해서는 상실과 파괴라는 인생의 부침을 피하려는 이상을 현실적 번제물로 대체하려는 하나의 방법으로 간주했다. 그녀의 생각

36) 앞의 글, p. 85 & 90.

에 이 방법은 더 이상 신 혹은 망자를 위한 제물의 형태는 아니지만, 신과 조상들에게 자신을 맡김으로써 결국은 그들과 화해할 수밖에 없는 하나의 의식이다. 안나 프로이트의 강의는 자녀/부모의 입장에서 다시 그 문제를 다룬다는 장점이 있다. 그녀에 의하면, 부모의 대상적 리비도는 자녀에게 투여되고, 자녀는 자신의 물건에 거부의 몸짓 혹은 자신이 느끼는 애매모호성을 투사하고, 때로는 슈퍼마켓에서 스스로 '분실물'이 되면서까지 자신이 실종된 것을 부모가 자각하고 반응하도록 한다. "아이가 가정에서 사랑받지 못한다고 느끼거나 실제로 사랑받지 못한다면, 그는 인생의 낙오자가 되기 쉽다. 이는 학교 교사라면 잘 아는 사실이다."[37] 자가분석은 이러한 유형의 분실에 대한 기억을 다시 찾도록 하고, 어째서 그리고 지금은 누구에게 반복하는지 자신에게 질문할 수 있도록 안내한다.

### 5. 실수와 오류 : 무의식적 행위

이 장에서는 '마땅한 자세'에 대한 실수maladresses, 그리고 '바로 보기'에 대한 오류bévues를 언급하고자 한다. 대부분의 경우 실수행위

37) 앞의 글, p. 95.

는 마음속 깊이 원하는 것처럼 사물을 보거나 몸짓으로 표현하게 한다. 실수행위를 통해 우리는 새롭고 중요한 문턱을 넘는다. 왜냐하면 물건 분실의 경우는 일반적으로 분실한 장본인에게만 책임을 묻게 되는데, 실수나 오류의 경우는 타인에게, 정도의 차이는 있지만 무의식적으로 책임을 돌리는 경향이 있기 때문이다. 승객으로 가득 찬 지하철에서 옆 사람의 발을 밟은 신사는 분명히 사이클 선수의 방향을 바꾸게 한 자동차 운전자보다 덜 악의적이다. 길에서 할머니를 보지 못하고 스쳐 지나가는 여성은, 신호등이 빨간 불로 바뀔 때 도로를 건너가는 여성보다 덜 위험하다. 그렇지만 어쨌든 과거에 일어난 일은 자가분석을 할 만한 가치가 있다. 왜냐하면 과거의 일은 세상에 대한, 그리고 타인에 대한 우리의 관계이기 때문이다. 뒤따르는 모든 결과와 함께 말이다. 일반적으로 우리는 소유와 서열의식 등의 성향을 보이는 항문기적 가학증, 그리고 보는 것만으로 즐기는 시각적 가학증과 같이 가장 악의에 찬 부분 충동에 의해 농락당한다. 전자는 나쁜 짓을, 특히 타인에게 가해진 고통을 즐기는 것이고, 후자는 순수하게, 그리고 단순하게 대상이 소멸하는 것을 즐기는 것이다. 그리고 물론 이 두 충동은 때로는 타인을, 때로는 자신을 공격한다. 이는 우리의 정신생활에서 충동이 하는 역할에 대해, 그리고 충동을 승화시키는 것이 어려운 이유에 대해 궁금해할 만한 가치가 있다는 것을 의미한다.

『일상생활의 정신병리학』(14, p. 311)에는, 젊은 아버지가 어느 날 어린 큰아들을 올렸다 내렸다 하기를 번갈아 하다가 거실의 가스 샹들리에에 아이의 머리를 부딪칠 뻔해 매우 당황한 아버지를 다룬 전형적인 사례가 나온다. 프로이트는 이 행위에서 죽음에 대한 욕망을 주목한다. 그리고 프로이트는 이 욕망으로부터 환자의 형제 중 한 사람이 아버지의 부주의로 사망한 어린 시절을 떠오르도록 한다. 이러한 유형의 실수에 대한 분석 방법은, 현시점에 드러나는 성향과 무의식이 행동으로 옮겨진 과거의 사건을 동시에 포착하는 것을 전제로 한다. 행위는 충분히 밝혀지지 않은 과거의 실재 사건의 재출현이고, 이는 여전히 주체로 하여금 가장 소중히 여기는 인물 중 하나를 위험에 빠뜨려 사랑과 증오 사이의 대립을 야기한다. 위험한 실수에 더하여, 우리를 뒤흔드는 단순한 생각은 대단히 많다. 예를 들어 '끝없이 오른다'는 생각은 당사자에게 계단을 매우 높이 오르도록 한다(p. 176). 여기서 우리는 강조하기 위해 힘주어 말하는 것처럼 몸짓의 범주로 들어선다.

실수의 무의식적 근원은 특히 다음과 같은 특성을 보인다. 첫 번째 특성은 충동적 행동이다. 즉, 사람들은 눈앞에 어떤 일이 벌어질지 전혀 생각하지 않는다. 자살이나 복수를 생각하는 사람은 그것에 대한 생각을 완전히 억압한 사람보다는 위험한 실수를 덜 저지른다. 두 번째 특성은 전염성이다. 한 사람의 실수는 타인의 실수를 야기하는데, 우리는 이러한 참사를 주제로 한 누아르 시리즈를 잘 알고 있다. 훌륭한 코미디 영화 역시 이러한 연쇄적 재앙을 잘 표현한다. 실수는 종종 현실(이를테면 촉발 요인, 위협적인 몸짓, 예기치 않은 소음, 충격적인 뉴스 등)에서도 일어난다. 이러한 실수에서 우리는 화약에 불을 붙이는 것과 같은, 망상적 해석으로 인한 반응을 목격할 수 있다.

이러한 실수에 대한 분석은 그래서 특별한 방법을 요한다. 행동 전후에 일어난 모든 사실을 자유롭게 기억하면서 단어나 말이 아닌, 그러나 사실에 입각한 자유연상을 실행함으로써 실수에 대한 분석을 시작해야 하는 것이다. 경찰 수사와 마찬가지로, 전체 상황을 조명하기 위해서는 사소하거나 특이한 사실이 무시되어서는 안 된다. 그런 후 우리는, 프로이트가 소중히 여긴 표현을 인용하자면, 범죄로 누가 이득을 얻게 될지 질문해야 한다. 대부분의 실수는 타인이 이전에 저지른 행위의 반복에 지나지 않는다. 주체는 원인을 제공한 누군가와 동일시하면서 자신의 실수를 의식하지 않으려 한다. 이는 안나 프로이트가 밝혀 널리 알려진 '공격자와의 동일시'의 가장 놀라운 측면 중 하나다(20). 우리가 따라하는 행위나 사람이 무슨 의미가 있는지 알게 될 때, 마침내 우리는 왜 따라하기를 원하는지 스스로 의문을 품게 된다. 우리는 죄의식으로 몸부림치다 죄를 짓는다고 프로이트는 지적한다. 이는 맞는 말이다. 하지만 죄의식은 종종 조상에게 물려받은 죄책감 혹은 어린 시절에 영향을 끼친 사람들과 관련되기도 한다. 조상 등 영향을 끼친 사람의 행동은 과거의 수수께끼로 머물러 있기에, 그것을 현재에 재연하는 것 외의 해결 방안은 없다. 고르디우스의 매듭에 직면해 알렉산더는 인내심을 가지고 그것을 풀려고 하기보다는 아버지처럼 검을 사용하여 해결했다.

오류에 대한 분석은 실수에 대한 분석과 같은 방법으로 진행된다. 가장 주목되는 것은 부정적 착각이라 불리는 것인데, 이는 자기 앞에 있는 사람을 전혀 보지 못하는 것을 말한다. 어떤 사람은 길에서 잘 아는 지인을 보지 못하고 지나간다. 프로이트는 『히스테리에 관한 연구』와 그 후의 저서들에서 무의식의 전형적인 발현을 밝혀낸다. 분석가들은 흔히 이러한 현상을 부정적 개념으로 해석하지만, 나는 좀 더 단순하게 보고 싶은 것만 보는 초기 어린 시절의 충동 행위에 그 원인이 있다고 본다. 만약 내가 타인을 보지 않는다면, 나는 그와 함께 사라지는 놀이를 하고 있는 것이다. 그의 사라짐은 나의 마음에 너무 많은 상처를 주었고, 해명된 적이 없었다.

한 친척이 운전기사로 일하면서 겪은 유례없는 사건을 나에게 이야기해 주었다. 어느 날 이른 아침, 그는 매우 편안하게 시골길을 조용히 운전해 가고 있었다. 그리고 교통량이 한산한 교차로 근처에 도달했다. 그때였다. 두 사람이 바로 앞에 있는 건널목을 건너고 있었고, 그는 그들이 건너가도록 차를 멈추었다. 그런 후 교차로를 돌던 그는 길을 거의 다 건너가고 있던 사이클 선수를 넘어뜨렸다. 그는 사이클 선수가 오는 것을 전혀 보지 못했다. 더구나 그 사람은 빨간색 옷을 입고 있었다! 다행히도 피해는 경미했지만 나의 친척은 매우 당황스러웠다. 이 심란한 실수를 분석하던 그는 이 사건이 어느 기억하기 쉬운 과거의 생일에 일어난 사건과 관련이 있다는 것을 알아차렸다. 그의 형제 중 한 사람이 시골길에서 서투른 운전자에 의해 교통사고를 당해 사망한 적이 있었다. 그리고 사고를 낸 장본인은 무죄로 풀려났다. 그는 미제로 남은 이 사망 사건을 재연하기 위해 익명의 가해자와 자신을 동일시한 것이다.

이러한 근본적인 실수와 더불어, 좀 더 전형적인 실수행위가 일어나는 데 직접적으로 영향을 미치는 일이 많이 있다. 사람들은 일정 장소를 가리키거나 방향을 알려주는 게시판을 잘 보지 않는다. 혹은 너무 많은 기능을 가지고 있거나 원하지 않는 새로운 장비의 사용법을 잘 읽지 않는다. 사람들은 중요한 원고에서 눈에 띄는 잘못된 부분을 보지 못하는 경향이 있다. 자가분석은 우리에게 이중적 시선이 있다는 것을 발견하게 한다. 기능적이고 규범적인 시선과 충동적이고 이해할 수 없는 시선이 그것이다. 후자의 시선은 오래된 목표를 밝힐 때 직접적으로 활용되는데, 때로는 다른 사람이 보지 못한 것을 인지하게 하거나, 다른 것을 보게 하거나, 아무것도 보지 못하게 한다. 이러한 본능적 시선은 어린 시절 내내 형성되고, 기회가 생길 때마다 다시 떠오른다. 무의식적 시각이 어떻게 작동하는가를 발견하기 위해, 그리고 거짓된 지각에서 벗어나기 위해 이러한 오류를 어떻게 이용할지는 각자에게 달려 있다.

## 6. 행위의 이행 : 정동에서 이상으로

대중이 자가분석에 접근하도록 1900년에 프로이트가 집필한 『일상생활의 정신병리학』의 중요한 역할에 대해 좀 더 살펴보자. 프로이트는 망각, 실수, 대상상실, 일상생활의 사소한 사고 등 매일 일어나는 모든 놀라운 사실과 사건에서 출발한다. 그는 그것들이 무의식의 행동화를 증명한다는 것을 명확하게 보여주며, 그 법칙과 조건을 설명하기 위해 모두가 접근할 수 있는 데이터를 사용한다.

그렇지만 이와 같은 행위 표출은, 프로이트의 『일상생활의 정신병리학』에서는 언급하지 않은, 더욱 더 해결하기 어려운 무의식의 산물이다. 이와 관련된 새로운 사례들은 매일 생겨난다. 다시 말해 좋지 않은 감정의 움직임이, 우리 자신이나 이웃의 삶에서 종종 완벽한 드라마로 연출되는 격노, 부부 폭력, 자해 행위, 심각한 실수 등 실제의 행위 표출로 이어진다는 것이다. 이러한 행위들 또한 자가분석을 위한 재료인데, 행위가 보여주는 이 무의식적 압력을 완화시키고자 할 때 더욱 더 필요하다.

이는 사건 발생의 상황이나 기표signifiants[38]를 선행하는 사실을 통해 분석하는 것이 아니라, 우선 감추어진 감정이나 정동에 대한 식별을 전제로 한다. 이는 카렌 호나이가 일반적 자가분석에 부여한 목표 중 하나지만, 프로이트의 저서에서 낱낱이 입증된 것이기도 하다. 프로이트는 "죄의식을 가진 것만으로도 죄인이다"라고 단언하면서 이러한 방법을 찾아냈다. 그러나 우리는 죄에 대한 단순한 질문을 넘어서야 하며, 무엇보다 가장 일반적인 정동을 고려해야 한다. 양심의 가책, 수치심, 우울과 슬픔은 정동과 유사한 역할

38) 라캉은 단어 하나하나를 기표라고 자주 지칭했지만, 기표는 단어보다 더 작은 단위인 음소나 형태소일 뿐 아니라 더 큰 단위인 구절과 문장이기도 하다. 그리고 비언어적 요소인 행동, 관계, 증상적 행동 역시 기표로 기능할 수 있다(네이버 지식백과, 두산백과). – 역주

을 하는데, 이는 사람에 따라 다르다. 소위 '뚜껑이 열린' 사람은 정동과 희노애락과 같은 인간의 기본 감정에 의해 항상 압력을 받는데, 자가분석은 그 기본 감정을 식별하게 하고 가장 자주 돌발되는 감정의 근원과 상황을 탐지한다.

이러한 과정 속에서 정동이 행위를 유발하면, 이는 특별히 애착하는 이상理想에 의해 뒷받침된다는 것을 우리는 깨닫는다. 이상은 완벽함을 추구하는, 또는 적어도 사람들이 원하거나 상상하는 가치와 특질과 미덕을 가리킨다. 아름다움, 진실, 정의, 충성 등과 상이한 다른 관념들도 이 범주에 속한다. 정신분석의 경우, 이상은 다른 곳에서 유래한 초월적 실재가 아니며, 인간의 정신에 아주 일찍 새겨져 현실적 실재를 통해서만 이득을 얻을 수 있는 진정한 즐거움jouissance[39]의 대상이 된다(8).

예측 불가능한 행위는, 일반적으로 무의식적 공격 욕동, 그리고 무의식을 자극하는 구강기적, 항문기적, 혹은 다른 가학적 공격의 분출에서 기인한다고들 이야기한다. 그러면서 초자아의 도덕적

39) 주이상스 : 고통 자체가 쾌락으로 경험되는 '고통스러운 쾌락', 즉 주체의 병리적인 증상을 즐기면서 역설적으로 만족을 얻게 되는 상태를 의미한다(네이버 지식백과, 두산백과). 프랑스어 'jouissance'는 기본적으로 '향락'이라는 의미가 있으며, 오르가즘 등과 같은 성적 향유나 즐거움까지 포함한다. 한국어에서는 이러한 의미가 없으므로 이후 '주이상스'로 표기하고자 한다. – 역주

권위가 약해서 주체가 이러한 공격에 대해 한계를 정하거나 억제하지 못한다고 말한다. 이러한 도식은 고전적이며, 모든 종류의 관리자를 부추기는 교육 모델을 관장하는 자들과 맞닿아 있다. 그렇지만 그것은 빈번히 정반대의 결과를 낳는다. 우리의 폭력적 충동은 교육이 주장하는 이상이나 법칙으로 제지하거나 통제하는 것으로는 충분치 않다. 오히려 충동은 그 자체로 넘쳐나는 샘물이며, 조금도 사소하지 않다. 이것이 일상생활의 현장에서 출발한 물음에 전념한 두 연구에서 내가 발견한 중요한 교훈이다. 첫 번째 연구는 충동이 '불가피하지만 충격적인 기반'이라는 것이고, 두 번째 연구는 오늘날 만연해 있는 파괴성의 전형적 특성을 검토하는 것이다. 예를 들어 청소년기에는 무한히 펼쳐지는 특정한 이상, 직업 영역에서는 과로사, 정치 영역에서는 분신자살, 종교 영역에서는 순교 혹은 자살폭탄 테러, 병리학 영역에서는 해결하기 어려운 성도착증에 의해 파괴되는 것 등에 관한 검토다(8).

프로이트는 처음에는 자신의 자가분석에서 다음과 같은 단순한 이유로 이상은 포함하지 않았다. 그 시대에는 이상이 무의식의 산물로 간주된다고 생각하기는 어려웠다. 그가 거시이론을 비판하기 시작할 때인 인생의 후반에 이르러서야 이상에 대한 생각의 변화가 분명하게 나타났다. 오늘날 우리는 거기에서 더 나아가 정신적 삶의 핵심에 대해 비판해야 한다. 왜냐하면 이상이 정신적 삶의 한 가운데서 고락을 같이하며 주인처럼 지배하게 되면, 자가분석 자체가 맹목적으로 이상의 지배 하에 놓이게 되어 문제가 될 위험이 있기 때문이다. 어떻게 자가분석은 진리에 고착되지 않고, 주체와 발언을, 그리고 실행과 관련된 요구를 존중하며 진전할 수 있을까? 그러나 무의식의 기원을 고려해볼 때 이러한 요구들은 언제나 양면성이 있으며, 분석을 거부할 때 우리를 과도한 행동으로 이끌 수도 있다. 정신 구조의 심층에서 유래하는 모든 것처럼 이상 역시 분석이 필수불가결한 것이고, 피할 수 없으며, 동시에 파괴적이거나 위험한 것이 될 수 있다.[40] 자가분석은 자신의 정동과 지배적인 생각을 조금씩 분명하게 하기 위한, 그리고 그것이 화약고로 변하지 않도록 노력하기 위한, 어느 것으로도 대체될 수 없는 도구다.

이러한 변화를 증명하기 위해, 나는 겉보기에는 문제가 없어 보이는 삶에서 돌발 행위가 표출된 사례를 들면서 이 장을 마치려 한다. 유명한 사법관의 아들인 바스티엥은 법무에 매우 진지하게 몰두했으며 그의 앞길은 창창했다. 법학에 두각을 나타낸 그는 사

40) "인간을 움직이는 이상을 발견하고, 따르고, 이해하라… 이상에 대한 이점과 해로운 압력을 인지한다는 것, 그것이 정신분석의 임무가 아닌가?" Guy Rolosolato, 『대학에서의 정신분석Psychanalyse à l'université』, 1985, 10, 37, p. 135.

법관이 되기로 했다. 그리고 그는 마침내 프랑스 남부에 있는 한 도시의 예심 판사로 임명되었다. 그가 맡은 초기 사건 중 하나는 재범인 악명 높은 포주를 조사하는 것이었는데, 그는 이 포주에게 엄정한 양형을 청구했다. 그러나 이 포주는 여러 차례 다소 내밀한 거래를 하면서 궁지에서 벗어나게 되었다. 바스티엥은 상처를 입었으나 침묵을 지키며 조바심하는 것 외에는 다른 해결방법이 없었다. 어느 날 그는 우연히 길에서 그 포주를 만났다. 포주는 거만한 태도로 그를 힐끗 쳐다보면서 딴죽을 걸었다. "어이 애송이 판사. 그새 자리를 잘 잡았군 그래 !" 그러자 바스티엥은 갑자기 그에게 덤벼들어 행인들이 당황할 정도로 그를 폭행했다. 피해자가 즉시 고소한 것은 말할 것도 없고, 바스티엥은 한직으로 좌천되었으며, 이후의 경력에 심한 타격을 입었다.

이러한 상황은 이례적이지 않으나 명료하다는 장점이 있다. 아직 사춘기를 벗어나지 않은 이상적인 청소년은 다른 무엇보다 최고의 가치를 두는 이상에 몸과 마음을 다 바친다. 이 사례에서 그의 이상은 정의이다. 바스티엥은 정의가 우롱당한 것을 확인했고, 이 직접적이고 명백한 도전을 한 사람과 직면한 그는 더할 나위없는 수치감에 사로 잡혔으며, 즉각적이고 과도한 방법으로 이상을 행동화하게 되었다. 그러자 그는 자신에게 문제가 되는 가치관을 어렵지 않게 확인할 수 있었다. 어린 시절 마음에 감춰두었던 사실을 조심스럽게 밝히면서, 그는 자가분석 덕택에 자신의 마음속 깊이 품었던 오래된, 그리고 자기의 것이 아닌 수치심의 원인을 발견하게 되었다. 그는 재판관이었던 아버지를 전혀 의심할 여지가 없다고 믿었는데, 언젠가 의원들에 의해 매수된 아버지는 이와 관련한 고소를 피하기 위해 재판관의 지위를 이용한 적이 있었던 것이다.

5장

# 증상에 대한 자가분석

*"병에 걸리면, 살면서 누리지 못한 즐거움을 얻을 수 있다."*

–지그문트 프로이트(15, p. 58)

고통스럽고 자유롭지 못하며 궁극적으로는 인간에게 타격을 주는 위험한 신체적·정신적 질환을 우리는 '증상'이라고 부른다. 정신분석은 조사 방법이나 이론적 자료집이 아니다. 정신분석은 정신적 고통을 보살피기 위한 치료 기술이다. 이것이 정신분석 창시자의 주요 관심사였고, 자신과 내담자를 위해 시도한 작업의 출발점이었다. 프로이트는 우리에게 영향을 미치는 병의 근원이 되기도 하는 정신현상에 대한 치료 방법을 발견하고자 했다. 그리고 마지막 논문 중 한 편에서 그는 그 발견을 위해 부분적으로만 접근한 것에 대해 한탄했다. 그렇다면 가능한 다른 방법이 있을까?

모든 사람은 자신 안에 증상에 대한 열쇠를 가지고 있다. 그러나 불행히도 세월이 지남에 따라 비밀번호의 조합은 증가되며, 우리는 그 번호를 잊어버리기도 한다. 아마도 가장 유명한 금고털이 영화 장면의 이야기가 주는 매력이 여기서 유래하는지도 모른다! 참을성 있게 적합 코드를 해독한다 해도, 불행히도 습관의 힘과 신체적 자기만족은 여전히 변하지 않는다. 그러나 그 과정에 대해 비방하는 사람들이 뭐라 하든 많은 증상이 분석 과정에서 사라진다. 이는 자기암시의 효과라거나 다른 분야에서 전해진 해석의 효과가 아니다. 왜냐하면 자가분석은 한결같이 동일한 결과를 얻기 때문이다.

## 1. 증상과 증상들, 그리고 전환

나는 『증상과 전환Symptôme et Conversion』에서 정신분석이 어떻게 증상을 세 범주로 분류하는지를 밝혔다(5). 그 첫째는 이차적 증상이다. 예를 들면 배아픔, 쓸데없는 걱정, 특정 음식에 대한 혐오, 두통, 요통 등 우리가 순간순간 고통을 받지만 즉각적인 위험으로 나타나지는 않는, 다른 데서 왔거나 축적된 증상이다. 둘째는 주요 증상이다. 이는 주체가 깊은 곳에서 구조화된, 그리고 어떤 수많은 특성과 한계를 수반하는, 개인의 고유한 행동방식과 관련이 있다. 즉, 다소 강박적이거나 히스테릭하거나 성도착적인 성향이 그것이다. 이러한 성향은 우리의 고유한 기질에서 출발하여 우리의 존재를 자리매김한다. 셋째는 병리적 증상이다. 장애를 수반하는 공포, 반복적이고 강박적인 습관, 공인된 생리학적 근거는 없지만 신체적 고통을 느끼는 것 등이 그것이다. 그러나 특정 상황에서만 주요 증상을 보이는 병리적 증상과 심각하고 지속적인 장애를 야기하는 병리적 증상은 구분해야 한다. 주요 증상은 인간을 구성하는 부분이기에 이를 제거하는 것이 쉬운 일은 아니다. 그럼에도 자가분석은 증상을 완화하고 경감하는 데 기여한다. 또한 자가분석은 항상 다시 시작하고 깊이 파고들어야 하기에 장기간에 걸친 작업이 필요하다. 이차적 증상은 특히 특정 상황과 연관되어 있는 경우 자가분석에 의한 접근이 가능하다. 자가분석은 이에 상응하는 다른 치료방법의 기여를 무시하지 않는다는 조건 하에서 병리적 증상을 멈추게 할 수 있다.

끊임없는 지질구조판의 이동으로 지구의 지형이 형성되듯이, 주요 증상은 혼란스럽고 불안정한 영역인 무의식의 정신현상을 정비하고 안정시킨다. 이런 이유로 우리는 깊은 곳에서 작용하는, 그리고 이차적 증상이나 병리적 증상을 유발하는 균열을 결코 직면하지 못할 수 있다. 주요 증상은, 압력이 너무 세고 어느 것도 한 방향으로 유도할 수 없을 때 분출된다. 약물치료법 혹은 직접적 처치에 의한 도움은 이 지진에 의해 야기된 피해를 완화시키는 데 즉각적인 효과를 가져오기도 하지만, 지진의 반복을 영원히 막지는 못할 것이다. 정신분석 또한 이를 막지 못한다. 그러나 정신분석은 내면의 동요가 덜 충격적이고 덜 파괴적이 되도록 주요 증상을 예견하고 완화시킨다. 그 결과 증상은 끝까지 분출되어 그 비밀이 드러나게 된다. 여기서 지각 형태론과의 비교는 멈추고자 한다. 왜냐하면 물리적 영역에서 일어나는 것과는 달리, 순간적으로 돌출하는 정신증상의 발견은 각자의 몫이기 때문이다.

자가분석을 시작하기 바로 전에 프로이트는 이 의미 있는 가능성을 설명하고자 전환이라는 개념을 제안하려는 행복한 생각을 했다(OCF. P, III, p. 7). 그것은 원래 가장 전형적인 히스테리 증상을 설명하기 위해 사용되었으며, 무의식적 생각을 자신의 신체를 통해 연극적 장면으로 전환시키는 것을 의미했다. 그렇지만 프로이트는 모든 신경증적 증상이 갈등, 긴장, 더 복잡한 상황 등에 의해 일어난다 할지라도, 그리고 공포, 강박관념, 행위 표출 등의 원인이 된다 할지라도, 결국 신경증적 증상은 전환의 결과로 생긴다고 했다. 1894년에 그는 사람들이 '역방향으로의 전환'을 수행하지 않는 한, 즉 신경증적 표현으로 해석된 무의식적 열등감이 실재적인 표현으로 재전환되지 않는 한, 이러한 전환은 지속된다고 설명함으로써 이를 더욱 명확히 밝혔다(앞의 글, p. 7). 일시적 증상을 이해하기 위해 우리는 항상 두 단계를 고려해야 한다. 첫 번째 단계는 주체도 모르게 작동하는 정신적 문제를 증상의 용어로 표현하는 것이다. 두 번째 단계는 역방향으로의 전환, 혹은 재전환 과정으로 명명되는데, 이 과정에서 주체는 문제를 다르게 전환하려고 한다. 바로 이러한 이유로 인해 증상은 적절히 치유되지 않고, 시작했던 변환 과정이 수반되고 완료된다.

최근의 정신분석 문헌에서 증상에 관한 자가분석 사례집은 손가락으로 셀 정도다. 카렌 호나이는 클레어Claire라는 여성의 자가분석 사례를 다루면서 이 작업의 유익한 순간들을 자세히 설명했다. 존John의 이야기에서도, 반복적인 두통에 시달리는 한 남성이 자신이 화내는 것을 참을 때마다 두통이 생겼다는 것을 알게 되었을 때 비로소 거기서 해방되었다고 밝힌다. 나는 개인적으로 다른 사례들을 수집할 기회가 있었다. 한 젊은 여성은 여러 면에서 어머니와 무의식적으로 동일시하고 있다는 점을 우연히 밝혀냄으로써 어떻게 생리통을 해결했는지 나에게 이야기했다. 또한 자신이 무정자증이라고 생각하며 고통받았던 한 가족의 젊은 아버지는 첫째 아이가 태어나는 순간 느꼈던 공포를 표현하면서 치료되었다. 매번 우리는 전환을 특징짓는 이중의 움직임을 관찰한다. 증상의 징후로 해석되는 내부 반응의 분출과, 실재적 표현의 길을 열어놓는 탐구와 해석이 그것이다. 첫 번째 움직임이 어떻게 일어나는지를 분석함으로써 우리는 두 번째 움직임으로 나아가는 길을 열 수 있다.

## 2. 전환에서 재전환으로

증상이 나타나면 그것은 엄청난 지하작업의 막을 내리는데, 이때 자가분석은 주요 구성요소를 재구성하는 것으로 시작된다. 이는 기대되는 재전환이 작동되도록 하는 가장 확실한 방법이다. 자가분석의 첫 번째 작업은 꿈이나 실수행위에서와 같이 상황의 순서를 고려하는 것이다. 자신만이 밝힐 수 있는 어떤 만남, 언급, 때로는 정신적 영역에서 특정한 영향을 미쳤던 아주 작은 사건 등의 상황이 존재하는데, 무엇이 그의 감정을 건드리는지 탐색하는 것부터 시작해야 한다. 잘 감기지 않은 실패 밖으로 삐져나온 실마리를 잡아당기면 결국 실패 전체가 풀리기 마련이다. 같은 맥락으로 우리는 그 실마리에 많은 관심을 보여야 한다. 그 순간부터 자가분석은 시작되고, 역방향으로의 전환도 이미 시작된 것이다.

그렇지만 프로이트는 초기 연구에서, 다소 오래되고 억압된 하나 혹은 여러 개의 문젯거리가 있다는 것을 찾아내지 못한다면, 현재의 사실은 이러한 영향력을 갖지 못한다는 것을 발견했다. 어린 시절의 기억 회상은 매우 도움이 된다. 이는 때때로 사람들이 비판하듯이 정신분석이 과거를 반추하는 데만 골몰하는 것이 아니라, 아직도 과거가 자신에게 영향을 주고 있다는 사실을 발견하기 때문이다. 그 기억들을 회상할 때 사람들은 당시에 중요한 역할을 한 측근에게로 방향을 돌리기도 하는데, 바로 이러한 상황에서 그다지 중요하게 여기지 않았던 수수께끼 같은 메시지를 발견하는 경우가 종종 있다. 현재의 사실에서 과거의 인상과 연결되는 연상의 실끈을 풀면 풀수록, 증상이 암호화되고 이해할 수 없는 표현으로 계속 전환되면서 뒤엉킨 의미가 풀려나간다. 왜냐하면 증상에 어떤 의미가 있다면, 그것이 단일한 의미에 국한되는 경우는 매우 드물기 때문이다! 이와 관련하여 프로이트는 여러 동기가 개입된 '다원결정

surdétermination' 이라는 개념을 언급한다(20).

성의 해방 시대를 살아가는 오늘날에도, 자가분석자를 기다리는 세 번째 과업은 거대한 저항을 불러일으킨다. 이때 증상은 성적 쾌락을 안겨 주기 위해 만들어진다. 주체로 하여금 자신이 처한 위기 상황에 대처하도록 하기 위함이다. 이 때문에 역방향으로의 전환을 추진하기가 어렵다. 이에 대해 프로이트는 『성욕에 관한 세 편의 에세이』에서 이렇게 기술한다. "증상, 그것은 성욕에서 기인한다." 이 말은 여러 사람을 화나게 했는데, 오늘날에도 이를 이해하지 못하는 사람들에게는 수치심을 안겨준다. 증상으로 고통받고 불편함을 호소하는 사람이 어떻게 즐거움을 찾아낼 수 있다는 말인가? 정신분석에는 성욕과 생식 능력을 종종 혼동하게 하는 여러 형태의 성적 만족이 존재한다. 프로이트는 『세 편의 에세이』에서 성욕에 관해 언급하면서, 가학적 유형·피학적 유형·노출증 등이 정신분석에서 충동적 섹슈얼리티로 불린다는 것을 환기시킨다. 증상은 이러한 유형의 성적 환상을 종종 촉진하며, 우리가 이것을 발견하고 경험하지 않는 한, 그리고 무엇보다도 그 즐거움의 과정을 덜 부담스럽고 만족스러운 것으로 안착시키지 않는 한 분석은 진전되지 않을 것이다. 자가분석에 관한 부차적인 이야기에서 안나 프로이트는 '아이가 학대받았다'는 본인의 환상을 어떻게 다시 찾아내고 되살아나도록 했는지를 서술했으며, 특히 어떤 상황에서 어떤 가상의 인물을 통해 주이상스를 경험했는지를 이야기하고 글로 써서 이러한 증상의 굴레에서 벗어날 수 있었음을 기록했다. 그러나 이 과정은 그녀가 다시 증상의 밑바닥에 깔려 있는 즐거움을 되찾을 만큼 충분하지 않았으며, 따라서 즐거움에 접근하기 위한 다른 방법을 생각해내야 했다.

마침내 정신분석은 이 방법을 전이라는 경험을 통해 발견했다. 증상은 타자에게 보내는 신호다. 타자와의 만남이 없으면 재전환도 없다. 고통에 처한 주체는 자신이 직면한 고난을 극복하는 데 필요한 즐거움을 함께하고 고난의 의미를 이해해줄 대화 상대를 찾는다. 그래서 그가 과거의 한 인물에게 상상으로 말을 거는 것으로는 충분하지 않다. 그는 친구, 지인, 대학동료 등 이타적으로 대해줄 현재의 인물을 계속 만난다. 안나 프로이트는 그 과정에서 자신이 상대했던 과거의 인물을 발견하는 것이 어렵지 않다는 것을 경험했다. 왜냐하면 그 과거의 인물이 바로 그녀의 아버지였기 때문이다. 그러나 프로이트는 그녀가 분석을 잘 수행할 수 있도록 두 차례나 도왔기 때문에, 아버지와의 초기 관계를 애도하는 일과, 자신을 이해하지 못해도 말을 건넬 주변 사람을 찾아내는 일은 결국 그녀의 몫이었다.

이러한 것들이 증상에 대한 자가분석의 주요 축이고 재전환의 주요 방법이다. 이러한 축과 방법이 질서 혹은 무질서에 개입하느냐 개입하지 않느냐 하는 것은 중요하지 않다. 증상이 병리적 징후로 전환시켰던 것을 현재의 표현으로 재전환시키지 않는 한, 증상은 끊임없이 깜빡거리며 영원히 사라지지 않을 것이다.

### 3. 반복의 자동화 현상 깨기

그러나 증상이 유일한 이유는 아니다. 증상이 무의식에 의해 유발되는 한, 모든 증상은 반복의 덫에 걸린다. 자신이 증상을 통제할 수 있다 하더라도, 증상을 참을 수 없는 것은 마찬가지다. 어쩌다 발생하는 증상은 거의 문제되지 않으며, 오히려 특별한 순간에 안전판 역할을 하기도 한다. 그리고 증상을 극복하는 순간, 고통은 현저히 완화된다. 반대로 증상이 반복될 때 이는 어떠한 콤플렉스나 환상과 의식적으로 연결되지 않으며, 반복이라는 자동화가 안겨주는, 더욱 집요하고 끝없는 주이상스를 제공한다.

대체 무엇이 이렇게 만드는 것일까? 정신분석적으로 표현하면, 우리는 동일한 행위를, 특히 가장 고통스럽고 파괴적인 행위를 인간 주체가 저항할 수 없이 반복하도록 하는, 무의식에 내재한 원초적 성향을 지목한다. 1920년대 「쾌락의 원칙을 넘어서」라는 논문에서 프로이트는 자신의 이론의 새로운 근거 중 하나가 된 이 개념을 도입했다. 우리는 무의식적 정신화가 어떻게 강한 외상성 정신장애의 현상으로 나타나는지 알고 있다. 그것은 동일하게 반복되며, 두려운 경험과 관련되어 기이한 반응으로 나타난다. 이와 같은 방식으로, 증상은 그 토대를 이루는 과거의 경험이 너무 고통스러울 때 반복적으로 나타난다.

라캉은 반복강박을 무의식, 전이, 충동과 함께 정신분석의 주요한 네 개념 중 하나로 구성했으며, 주이상스와 쾌락 사이의 구분을 분명히 하기 위해 이 개념을 더 중요시했다. 극단적인 고통을 반복적으로 느끼는 주이상스는 '쾌락의 원칙을 넘어' 자리매김된다. 장 라플랑슈에 따르면, 반복강박은 그 자체로서 외상을 유발하는 타자의 메시지이며, 반복은 실제 행위와 연결될 때 시작되는 경향이 있다.

이러한 자동화에서 벗어나기 위해 자가분석은 도움을 줄 수 있는 모든 것을 확인하는 것으로 이루어진다. 이는 삶을 매우 어렵게 만드는 반복적 이차 증상이 있는 사람들에게 잘 알려져 있는 것이다. 병리적 증상의 일부가 사라지도록 하려면 여행을 떠나거나 완전히 낯선 환경에 있는 것만으로도 충분하다. 증상은 다시 발현될 수 있으나, 여행은 숨 쉴 틈을 주는 소강 상태에 접어들게 한다. 어떤 사람들에게는 정반대 현상이 나타나기도 한다. 익숙한 환경에서 떠나자마자, 그들은 영원히 사라졌다고 믿었던 불편함을 다시 경험한다. 이는 생활 환경이 반복을 유지한다는 것을, 그리고 그 생활 환경과 무의식적 충동 사이에 공모가 존재함을 명백히 보여준다. 무의식이 우리의 환경을 도무지 이해할 수 없는 방법으로 다루기 때문에 그 둘을 분리시키는 것 외에는 다른 해결책이 없다.

뿌리 깊은 반복으로 고착된 증상을 분석하기 위해 먼저 해야 할 일은, 증상을 지속적으로 발현시키거나 반복을 촉진시키는 요인이 무엇인지 끈기 있게 관찰하는 것이다. 어떤 사람은 자신의 행동 중 어떤 요소는 견딜 수 없다는 것을 알아차리고, 어떤 사람은 매번 습관적인 일의 반복적 수행이 어렵다는 것을 간파하고, 또 어떤 사람은 주위 사람들에 대해 더 이상 참을 수 없다는 것을 인정한다. 심층 분석이 기대하는 결과를 얻기 위해서는, 외적 촉발요인으로 이 담합을 한 번 멈추게 하는 것만으로도 충분하다. 또한 우리는 모든 종류의 중독, 예를 들어 흡연, 알코올, 마약 등의 중독에서 이와 유사한 현상을 관찰한다. 이런 경우에도 반복이라는 무의식적 자동성이 주요하게 작동하며, 분석 자체로 습관을 극복할 수 없듯이 자가분석만으로 습관을 극복하려는 것은 아무 소용이 없다. 어떤 경우든 모든 유혹을 멀리하는 것부터 시작해야 한다. 그리고 필요하다면 중독 치료를 해야 한다. 그런 후에야 분석작업이 가능해진다.

## 4. 증상의 기능들

증상에 대해 자가분석을 한다는 것은 또한 심리적 경제économie psychique를 수행하는 기능을 탐지하고, 변함 없는 일관성과 낮은 비용으로 그 기능을 채우는 방법을 모색하는 것이다. 증상은 우리에게 무의식적 주이상스의 원천을 제공하는 유일한 수단이 아니기 때문에, 자가분석이 정신적 삶에 필수적인 기능을 수행하면서 보완 역할을 하도록 해야 한다. 나는 증상을 통해 성적 즐거움에 도달하는 사람들의 범주를 다음과 같이 다섯 가지로 분류했다. 회복자réparateur, 변환자transformateur, 유혹자séducteur, 폭로자révélateur, 찌르는 자aiguillon가 그것이다(5).

주체의 목적이 특히 애착 관계를 유지하는 것이라면 – 주어진 순간이나 특정한 시점에서의 애착이 너무 강하거나 불완전한 것으로 입증되었든 입증되지 않았든 상관 없이 – 증상은 즉시 회복된다. 다음 사례는 여섯 살 때 아버지와 사별한 한 젊은 여성이 반복되는 요통으로 인해 고통을 받은 경우다. 그녀는 자신을 '애무해주는' 아버지의 이미지를 구체화하는 물리치료사를 정기적으로 만나는 증상을 보인다. 자가분석은 원인이 되는 관계를 찾아내는 데 그쳐서는 안 된다. 무엇 때문에, 그리고 왜 그러는지를 상세히 설명하는 데까지 나아가지 않고서는 자가분석을 행할 수 없다. 증상이 반복되는 기능 때문에 고통받는 사람은 본인의 이상理想을 성취함으로써 큰 즐거움을 발견한다. 그녀 역시 이와 같은 이유로 일을 너무 많이 하게 되었고, 이 때문에 점점 편치 않게 되었다. 그리고 마침내 아버지가 자신에게 불어넣었던 희망을 기어코 실현시키려다 스스로 소진되었음을 인정하기에 이르렀다.

증상의 또 다른 유형은 '변환자' 역할이다. 이 역할은 특히 강력한 충동의 힘이 앞으로 나아가도록 하며, 견딜만한 방식으로 그 충동을 운용한다. 이러한 변환은 전환의 두 측면에 부합되는 두 시기에 일어난다. 첫 번째 시기에 주체는 정신적으로나 신체적으로 부적합한 표현에 에너지를 쏟는데, 이것이 변환의 병리적 단계다. 두 번째 시기에는 현재의 삶에서 자신에게 어울리는 정서와 표현을 모색한다. 변환 기능이 지배적인 증상으로 나타나 고통을 겪는 주체는 구강기적 유형, 항문기적 유형, 가피학적 유형 등의 충동에서 즐거움의 본질을 찾으려 한다. 또한 수동적 위치에 머무르려는 경향이 있다. 진행 중인 변환에 성공하기 위해 주체는 좀 더 능동적으로 정동을 조절할 방법을 찾아내야 한다. 피학적 섹슈얼리티의 교착 상태에 빠진 안나 프로이트는 마침내 변환의 끝에서 연구와 집필에 정열을 쏟아 세상이 인정하는 성공을 거두었다.

증상의 세 번째 유형은 '유혹자'가 되는 것이다. 예를 들어 초기의 외상을 반복하고 사람들의 이목을 끌어 이득을 얻으려는 경우다. 이성애 혹은 동성애의 생식적 섹슈얼리티는 이러한 연출에 도움이 되는 관계 구조를 만들어내는 데 적합하다. 사람들은 이러한 취향에 대해 때로는 경멸하는 투로 이야기하지만, 모든 증상에는 연극적 요소가 들어있다(6, p. 25)는 표현이 적절하다. 타인을 끌어들이기 위해, 증상은 관심을 끌게 하거나 '불쌍하게 여기게' 하는 주요 기능을 수행한다. 이제 주체는 능동적이 되어, 자신의 말을 진지하게 들어줄 사람, 의미 추구에 동반자가 되어줄 사람을 찾는다. 환자의 상태가 훨씬 더 좋아지도록 하기 위해서는 그에게 관심을 기울이는 것만으로도 충분하다. 그 관심을 위해 얼마나 많은 불행과 고통이 필요한가! 프로이트는 '16세기의 끔찍한 신경증'을 분석하면서 이러한 증상의 그럴법한 예를 하나 보여주었다(OCF.P, XVI, p. 213). 크리스토퍼라는 환자가 종교 기관의 관심을 끄는 순간, 그의 상태가 훨씬 좋아졌다는 사례이다.

증상의 네 번째 유형인 '폭로자'는 아마도 가장 가치 있을지 모른다. 이 기능은 다른 기능들보다 더 두드러져 보인다. 왜냐하면 이 경우의 증상은 환상, 정동, 타인 등에 대한 추구를 넘어 환자가 집착하는 하나 이상의 특정한 욕망을 수행하기 때문이다. 아이들을 관찰하면 이러한 현상을 볼 수 있다. 각자는 저마다 이야기를 하거나, 스페인식 성城을 세우거나[41], 이런저런 위업 달성을 상상하면서 진정한 주이상스를 일찍 경험한다. 이것이 내가 자기 섹슈얼리티sexualité du je라고 부르는, 바로 자기와의 관계를 밝히는 영역이다. 자가분석은, 우리가 현실에 대해 충분히 인식하지 못하던 어린 시절에 상상의 보물을 찾아 알리바바 동굴의 문을 열기 위해 필요했던 주문인 '열려라 참깨'를 찾는 데 목표를 둔다. 대부분의 증상은 이러한 불가능한 욕망의 표현이고, 자가분석은 상징적이거나 재전환된 형태로 욕망을 실현시키는 현실적 방법이다. 이는 예기치 않게 신의 부름을 받을 가능성이 있는 소명vocation의 원천이 될 수도 있다. 프로이트는 우리에게 가장 모범이 되는 선례를 보여주었다. 즉, 정신분석의 창시자이며 정신분석가라는 그의 소명은 자신

41) 황당무계한 계획을 세운다는 것을 표현할 때 '스페인식 성을 세운다'고 표현한다. –역주

의 증상에 대한 자가분석에서 시작되었고, 그는 예기치 않은 방법으로 어린 시절의 상상력을 만족시키는 과도한 야망을 종종 연상하곤 했다.

마지막으로, 증상은 '찌르는' 기능이 있다. 이는 사람들이 무엇을 하든 자신이 완벽하게 마무리했다고 생각하지 않는 데서 온다. 절대적이고 완벽한 치유는 우리의 머리에서 몰아내야 하는 환상이다. 원초적 충동의 저장소인 이드가 우리에게 계속 압력을 가한다면, 어떻게 그것을 다른 방식으로 작동시킬 수 있을까? 삶의 마지막 순간에 사라지는 것은 우리의 자존심이 아니라 내면적 격동이다. 이 내면적 격동의 사라짐이 우리를 죽음으로 이끄는 고갈의 주요 원인이 아닌지 생각해볼 필요가 있다. 내면적 격동의 힘을 이용하고 그 과도한 파괴력을 제한하는 가장 좋은 방법은 탐구와 창조, 분석 등의 활동에 가능한 한 많이 투자하는 것이다. 가능할 때마다 증상을 자가분석함으로써 이 꺾이지 않는 힘을 역이용해야 한다. 아시아의 훌륭한 전통 무술인 근접 격투기처럼 말이다.

## 5. 자가분석과 그 밖의 치료방법들

심리적 요인이 주된 원인일 경우, 치료 기간을 당기기 위해서든 혹은 심각한 병리적 증상이나 기질성 질환에 대한 적절한 치료를 심도 있게 수행하기 위해서든, 자가분석은 다른 무엇보다 확실한 치료 수단이다. 그렇지만 다른 치료와 마찬가지로 자가분석이 완벽한 실행 방법은 아니다. 자가분석은 일부 사람들이 생각하는 것처럼 그렇게 포괄적이지도 않고 편협하지도 않다. 분석방법의 정신과 모순되지 않는 한, 다른 치료방법에 도움을 요청하지 못할 이유는 없다. 분석은 의료적 치료와 이에 적합한 기술을 반대하는 교파 혹은 이념적 운동과는 정반대의 입장을 취한다. 분석은 다른 분야에 도움을 청하고 성찰을 용이하게 할 수 있는 관계를 정착시킨다. 그러나 이런 이유로 자가분석이 단지 보충적 방법이라고 유추해서는 안 된다. 자가분석은 오히려 바라는 회복을 도와주는 내적 조건을 창조한다는 의미에서 근본적인 치료방법으로 간주된다.

특별히 고통스러운 정신적 혼란을 겪는 사람들의 경우 항정신성 약을 점점 더 많이 처방받는다. 진정제, 신경안정제(자낙스, 발륨, 리산시아 등), 강장제(아나프라닐, 리디오밀 등), 수면제(이모반, 모가돈 등)가 그런 약이다. 이러한 약물에 기반을 둔 치료와 자가분석을 동시에 하는 일이 가능할까? 이러한 약물에 의존하는 사람은 오히려 전통적 정신분석을 받아야 하며, 약물이 필수적인 경우에는 정신과적 치료를 받아야 한다. 처방전을 받기 위해 정신과 의사에게 진찰을 받으러 갈지, 또는 유능한 임상의사의 주소를 요구할지는 결국 자신에게 달려 있다. 자가분석을 하는 동안 사람들은 고통스러움을 겪으면서 일정 기간 신경안정제나 강장제를 복용하기도 한다. 이러한 유형의 제한된 보충제 복용은 필요한 안정을 회복하기 위해 때때로 적절하다. 최면분석을 지지하는 사람들은 인위적으로 깊은 이완을 촉진시켜, 주체가 억압된 욕망에 접근하도록 과도한 저항과 반응을 극복하는 방법을 입증했다. 그 정도는 아니더라도 의약용 촉진제 역시 도움이 될 수 있다.

『꿈의 해석』에서 프로이트는 꿈을 분석하기 전에 '최면 상태에 가까운' 깊은 이완 상태에 있을 것을 권장한다. 이러한 상태는 증상을 분석할 때 더욱 필요하다. 왜냐하면 이완은, 무의식적 움직임의 출현을 억제하기 위해 특별히 만들어진 흐름에 역행하여 작동하기 때문이다, 그래서 혹자는 증상에 대한 자가분석을 할 때 이완 상태를 수월하게 하기 위해 망설이지 않고 자가최면의 도움을 받는다. 정신분석의 창시자가 이 기법을 꺼렸다는 사실을 알고는 있지만, 우리는 이 역설적인 접근방법을 찾게 될지도 모른다. 사실 오늘날 시행되고 있는 자가최면은 특히 에릭슨 학파의 연구에서 볼 수 있는데, 프로이트가 인정한 요법과는 상당히 다르다.

증상은 자신이 성장하는 동안 처하게 되는 가족적, 물질적, 사회적, 직업적 상황에 따라 만들어진다. 또한 이 분야의 유능한 전문가와 상담하면, 겪고 있는 장애를 자세하게 발견하는 것이 훨씬 쉽다. 그들은 치료할 때, 장애를 일으킨 내적 자료를 작동시킬 뿐만 아니라 존재의 모든 차원을 고려한다. 증상을 그저 마음이 만들어 내는 것이라고 믿는 것은 망상이다. 대부분의 사람들은 끊임없이 아프다. 왜냐하면 자신의 내면과 주위의 모순적인 힘 사이에 끼어 있기 때문이며, 또한 어떻게 하면 자신을 적합한 상황에 처하게 할지 그 방법을 찾지 못하기 때문이다.

## 6. 승화 능력 복원하기

라캉은 피분석자의 승화 능력 복원에 초점을 맞추어 정신분석을 해야 한다고 생각했다. 승화 능력의 복원은 증상의 과도한 영향력에서 벗어나는 데 가장 확실한 방법을 제공한다. 자가분석도 마찬가지다. 대체로 사람들은 자가분석의 역할이, 자신을 돌아보게 한다기보다 각자의 능력에 따라 자아를 실현할 수 있도록 장애물을 제거하는 것으로 믿는다.

『정신분석사전Vocabulaire de la Psychanalyse』에 따르면 승화는 "사회적으로 가치 있다고 여겨지는, 비성적非性的인 새로운 목표를 향해 표출될 때 일어난다"(20). 승화는, 행위와 연결하는 지나친 이상에서 해방되는 것을 의미한다. 프로이트가 반복해서 말했듯이, 이상화와 승화는 서로 다른 개념이다. 이상에 대한 중압감과 공격적이며 충동적인 자극이 심하게 억누를 때, 주체적 인물이 여기서 벗어나도록 하는 것이 승화다. 그러나 그것만으로는 충분하지 않다. 승화는 관계적 활동(우정, 사랑), 미학적 활동(창조), 혹은 창의적 활동(직업, 연구) 등 일상적 현실 활동에 자신의 이상과 충동을 투여하는 것을 의미한다. 자가분석은 꿈, 환상, 실수행위 등의 소리를 듣는 과정을 통해 우리의 욕망이 무엇인지 찾아내는 가치 있는 조력자다. 무의식의 산물을 분석함으로써 각자는 자신에게 적합한 행위를 발견하고, 과거의 속박에서 스스로 벗어나 사회에서 적절한 잠재력을 발휘할 수 있어야 한다.

프로이트의 정신에 비추어볼 때, 자가분석은 욕망의 지평선에서 끊임없는 탐색을 하는 것이다. 승화는 이상이 아니다. 승화는 삶충동과 죽음충동이라는 양면성에 영향을 받으며, 기대하지 않은 무의식의 갑작스러운 출현에 좌우된다. 그렇기 때문에 자가분석을 실행하는 과정에서 결코 누그러지지 않는 무질서한 공격을 식별해야 한다. 지진학자가 지속적으로 화산 폭발의 위험을 정밀하게 조사하는 것처럼 우리가 내적 움직임을 계속 주목할 수 있다면, 이러한 움직임은 '꿈과 실수행위'에 관한 장에서 고찰했던 모든 징후를 통해 저절로 드러난다.

나는 앞 장에서 인용한 바스티엥 사례를 재인용하면서 증상과 승화에 대한 이야기를 마치려 한다. 정의심에 가득 찬 이 젊은 판사는 길에서 한 피의자가 자신을 경멸하는 행위에 강박적으로 집착했다. 나는 그에게 자가분석이 그 행위의 근거를 밝히는 가족력의 사실을 어떻게 찾아낼 수 있는가를 알려주었다. 바스티엥이 피의자를 통해 일종의 공격성을 보인 대상은 사실 그의 아버지였다. 그의 아버지 역시 예전에 정의를 무시한 적이 있다. 이러한 발견은 그의 마음을 뒤흔들어 놓았고, 동시에 그를 자유롭게 했다. 그는 자가분석을 향해 더 나아갔고, 지금까지 강박적으로 자신을 억누른 정의라는 이상에서 벗어났다. 그것은 진정 자신의 것이 아니었다. 그 후 그는 법관직을 그만두고 탐사 기자가 되었는데, 이 직업은 그에게 마음속 깊이 혼을 불어넣어주는 진실 추구라는 이상과 자신의 능력에 더 잘 부합했다. 이러한 일은 마음속 동요의 순간을 경험하지 않고서는 결코 이루어지지 않았을 것이다. 그는 이전보다 대중에게 더 노출된 위치에 있게 되었지만, 자신에게 더 충실한 마음으로 현 직업에 임하고 있다.

6장

# 인간관계에 대한 자가분석

*"내 생각에, 가장 중요한 분석가는 인생 그 자체다."*

-게오르그 그로덱

사람들은 정신분석이 가장 중요한 인간관계를 위협하는 데다가 고립과 별거, 해체를 조장한다고 비난하며, 자가분석은 더욱 그렇다고 생각할지 모른다. 그렇지만 이러한 역효과에 대해서는 앞장에서 인용된 사례를 다시 읽는 것으로도 충분하다. 무의식이 아무 때나 나타나 주체에게 자신을 돌아보도록 할 때, 그 경고를 인정한다면 이는 가장 중요한 인간관계로 호전될 기회가 된다. "타인과의 만남은 무엇보다 먼저 우리 자신과의 만남, 혹은 우리 자신의 일부와의 만남을 매우 활성화시키기 때문에 (…) 소화되지 않은 내부의 무엇이 타인과의 관계를 붕괴시킬 수 있다"(Anne Lannegrace, 2, p. 51). 마음의 병 대부분은 근본적으로 사랑의 병이다. 그리고 자가분석은 고착의 원인에 눈을 뜨게 하고, 단절된 소통을 원활하게 하여 복귀시키며, 부모 자녀 간의 관계를 기반으로 커플, 친구, 가족, 직장동료와의 관계를 다른 방식으로 재구성하는 귀중한 보조 수단이 될 수 있다.

### 1. 어른과 아이의 관계에 대한 자가분석

이미 이야기했다시피 『일상생활의 정신병리학』에서 프로이트가 기록한 첫 번째 개인적 실수는, 어린 딸들 중 한 아이와의 대화에서 일어났다. 그는 아이가 얼마 후 일상에서 자신과 비슷한 실수를 했고, 이 때문에 이 '언어의 곡해'가 이미 전염되었다고 메모한다(14, p. 121). 우리의 무의식적 산물을, 그리고 이것이 아이에게 미치는 영향을 인식하는 것이 아이를 사랑하는 가장 현명한 방법일 것이다. 사람들은 아주 일찍부터 타인에게 인정받고자 하는 욕망을 기반으로 관계를 맺는다. 그런데 어떻게 사람들은 자기에게 일어나는 실수행위에 대해 최소한의 자가분석도 하지 않고 그 관계 맺기를 유지할 수 있을까? 실수행위를 인정하면서 성인은 자신이 '분리된 주체'임을 깨닫는다. 즉, 라캉의 표현을 빌리자면, 어떤 한 가지를 원하면서 다른 것도 원하고, 자신도 모르게 망각하고, 말실수를 한다. 위의 사례에서 프로이트는 자신의 아우라aura를 조금 상실하지만, 아이는 자신이 언니보다 사랑과 인정을 더 받고 있다고 느낀다. 이 과정에서 프로이트는 많은 역설적 메시지를 받아들이고, 자신이 원인 제공자임을 알게 되며, 추후 해석을 위한 공간을 열어둔다. 가장 유익한 부모/자녀 관계는 어른이 아이에 대해 확신하면서 하나가 되려는 자세를 취하는 관계가 아니다. 부모에게서 벗어나려는 움직임을 기분좋게 인정하면서 조화를 이루고, 자신의 역할을 수행하는 관계다.

이러한 관계는 매우 일찍 시작할 수 있다. 미래의 어머니는 대부분 임신 기간 중 개인에 따라 심각성 정도가 매우 다른 다양한 질병을 경험한다. 구토, 피부병, 근육통, 폭식증, 식욕부진 등이 그것이다. 때로는 이러한 질병의 중요성을 심화시키기 위해 모든 관점에서 이 비옥한 시기를 이용할 가치가 있다. 다음의 짤막한 사례를 보자. 세 살인 알렉스는 엄마가 자주 변기 쪽으로 가는 것을 보고,

어느 날 엄마에게 다음과 같이 말한다. "엄마는 아기를 떼어내고 싶어?" 이 지적에 대해 그녀는 아이에 대한 자신의 무의식적 폭력… 혹은 자기 어머니의 폭력 탓으로 돌리는 것이 오히려 쉬울지도 모른다. 그녀는 마음이 아렸음에도 불구하고 좀 더 깊은 분석을 시도했고, 임신한 엄마에게 비슷한 생각을 이야기한 자신의 어린 시절을 회상했다. '엄마가 아이를 캐비닛에 버렸으면!' 이런 이유로 그녀는 성장한 후 위장 장애로 고통받으며 항상 죄의식을 느꼈다. 그리고 자신을 비난했다. 그녀의 어린 아들 또한 자신의 무의식을 메아리쳐 엄마에게 보냈으며, 이는 의심의 여지 없이 아이 자신의 공격성을 표현하기 위한 것이었다. 우리가 아이의 이름을 곰곰이 생각하는 것도 이 기간인데, 더는 행복할 것 같지 않은 동음 반복 assonance이나 무의식적 연상에서 벗어나고 싶다면 자가분석을 공유해보는 것도 나쁘지 않다.

아이들 역시 셀 수 없는 실수행위, 망각, 물건 분실, 오류 등을 범한다. 특히 이 행위들이 반복되는 경향을 보이고 사소하지 않은 것일 때, 우리는 이에 대해 어떻게 대응해야 할지 모른다. 게다가 아이들은 다루기 힘들 수 있고, 아이들의 증상은 어느새 사라질 수도 있다. 그러나 이렇게 된다면 실수행위 같은 증상은 더욱 내면화되고, 이로 인해 더욱 해로운 다른 잠재의식적 산물이 파생하게 될 것이다. 우리는 이에 익숙해지고, 아이는 지나치게 우리에게 의존한다. 우선은 아이를 과도하지 않을 정도로 제재하여 아이가 책임감을 갖도록 하는 것이 좋다. 아이는 아마도 고의로 그런 행위를 하지는 않았겠지만, 아이가 그렇게 한 것은 사실이다. 그리고 아이가 책임을 지도록 하는 것은 좋은 일이다. 그러나 아이 역시 분열되었고, 이는 누구나 어렸을 때 겪는 상태라는 것을 고려해야 한다. 부득이한 상황이 아니라면 항상 표현하고 해석할 필요는 없다. 겉으로 드러내지 않더라도, 우리는 아이가 사랑과 인정을 받고 있다는 것을 암시하는 개방된 태도를 보이는 것만으로 충분하다. 게다가 아이의 실수행위 중 대부분은 어른의 무의식적 요구에 대한 반응이기 때문에, 아이는 자신의 한계를 넘을 수 있는 교환 관계 속에서 자신이 이해 당사자라는 인상을 받을 것이다. 이렇게 사람들은 아이에게 매우 일찍 무의식의 존재를 전수하고, 아이는 차츰 무의식의 영역을 자신의 의식에 통합시킨다.

조상, 출신, 가족 내부 등의 문제와 관련된 섬세한 질문을 할 때도 아이를 다루는 태도는 동일해야 한다. 오늘날 흔히 하는 말처럼 '아이에게 진실을 이야기하는 것'만으로는 충분하지 않다. 이러한 질문에 대한 대답은 여전히 세심해야 하고 시의적절한 순간을 선택해야 한다. 아이에게 출생에 관한 이야기나 감추었던 사실을 털어놓아야 한다면, 가장 직접적으로 관련이 있는 성인이 시간과 방법을 선택해서 말해야 한다. 적합한 단어를 찾아내기 위한 확실한 경로는 꿈과 상징, 그리고 이와 연결된 행위를 해독하는 것이다. 아이 또는 어떤 사건에 대한 생각, 영화 관람, 옛날 사진 혹은 물건을 다시 보기 등과 같은 작업을 통해 가장 적절한 순간과 기회를 포착하는 일 또한 성인의 몫이다. 마지막으로는, 아이가 자신의 방식대로 반응할 기회를 갖도록 해야 한다. 부모가 드러내려고 하지 않으면, 이는 아이에게 새로운 수수께끼가 되고 만다.

아동 학대와 관련된 판례들은, 폭력의 희생자는 자신이 받은 폭력과 학대를 반복하는 경향이 있다는 사실을 명백히 보여준다. 학대받은 아이는 폭력적으로 되기 쉽다. 불필요한 괴롭힘을 당한 아이는 그 후에 가해하려는 충동이 일어난다. 그러나 이를 극복할 수 없는 숙명적인 톱니바퀴로 보아서는 안 된다. 왜냐하면 이러한 유형의 트라우마가 있는 성인이라면 장애를 극복하는 방법을 알기 때문이다. 즉, 일어난 일의 중요성을 판단하여 그 판단이 적절하다고 생각되면, 내가 앞서 언급한 조건 하에서 아이에게 이야기하면 된다. 그렇다면 자신이 과도한 행동을 목격했거나 희생자였음을 드러내는 말을 생각해내지 않고 어떻게 이와 같은 과정을 실행할 수 있을까? 아마도 자가분석은 이러한 맥락에서 충분한 정당성을 찾을지도 모른다. 한 분석가는 언젠가 이렇게 말했다. "내가 해온 오랜 작업이 나의 길을 찾는 데 유용한지 잘 모를 만큼 나의 삶은 복잡하고 고통스러웠다. 그러나 나는 자가분석이 내 아이와 손자녀를 위해 길을 닦았다는 것을 확신하며, 따라서 이는 나의 자가분석에 대한 충분한 동기라고 할 수 있다."

## 2. 커플 관계와 우정 관계에 대한 자가분석

만약 두 사람이 지속적인 성적 경험에 바탕을 둔 친밀한 관계에 있다면, 고락을 함께하는 동안 무의식의 산물이 발현되는 것은 불가피하다. 왜냐하면 가장 즐거운 때의 경우, 만족스러운 커플 관계는 과거의 묻혀진 수많은 추억을 자극하고, 충동적 행위와 더불어 아주 기분 좋은 행복한 순간으로 안내할 것이기 때문이다. 가장 괴로운 때 커플 관계는 많은 저항에 부딪히고, 이는 꿈·망각·물건 분실·말실수 등의 원인이 되기 때문에, 혹독한 시련을 겪게 될 수도 있다. 다행히도 서로가 서로를 보완하는 경우가 많으며, 관계 초기에는 대개 분석할 필요가 없을 정도로 즐거움을 유지한다.

어느 정도 시간이 지나면 사정은 달라진다. 많은 커플은, 세월이 지남에 따라 반복되는 무의식의 산물이 시도 때도 없이 부적절한 공격을 할 때 저항하지 않는다. 집단 무의식이 존재하는 것과 같이 커플 무의식이 존재하는데, 이는 억압된 산물의 출현을 용이하게 하는 둘만의 은밀한 공모 구역이다. 대개의 경우, 가장 많이 언급되는 부부생활 만족도의 감퇴는 점점 증가하는 성적 무관심에 있는 것이 아니라, 모든 욕구에 대해 두 주인공이 자신의 무의식을 관리할 능력이 없는 데서 그 원인을 찾을 수 있다. 실수에 대해 언급한 앞의 장에서 나는 프로이트가 인용한 사례, 즉 천장 조명등에 너무 가까이 들어올리는 놀이를 하다가 아이를 심하게 다치게 한 젊은 아버지의 사례를 언급한 바 있다. 여기서 나는 이 젊은이가 다음과 같은 명확한 이유로 상담하러 왔다는 사실을 인식하지 못했다. 그는 오로지 아내에게서 벗어나고 싶어 했으며, 그 동기에 대해 의문을 품고 있었다. 프로이트는 그의 상담 동기가 그 자신이 아내에게서 벗어나고 싶어서가 아니라, 아이들과 가까이하고 싶다는 데 있다는 것을 어렵지 않게 입증했다. 그는 아이들이 위험에 처하는 것을 싫어했다. 왜냐하면 그의 형제 중 한 사람이 어린 시절에 죽었고, 그는 이 사고사를 아버지의 부주의 탓으로 돌렸기 때문이다. 이 고통스러운 기억은 현재의 행복한 삶을 틈타 다시 표면으로 떠올랐고, 그는 빈번히 나타나는 이러한 현상을 제거하면 위험한 생각에서 자유로워질 것이라고 믿었다. 이는 커플 치료에 관한 정신분석적 문헌에 제시된 첫 번째 사례로서, 무엇이 이 각별한 관계의 풍부함과 취약성을 동시에 만드는지를 분명하게 보여준다. 아내에게서 벗어나고픈 그의 동기 역시 분석에서 잘 나타나는 저항의 반응 양식이라는 것을 언급할 필요가 있다. 특별히 견디기 어려운 무의식적 콤플렉스를 발견했을 때 피분석자는 종종 치료를 멈추려 한다. 그렇게 하면 모든 것이 정상으로 돌아갈 것이라고 믿으면서!

커플 둘이서 함께하는 자가분석은 바람직하지 않다. 투사의 경향이 너무 심하고, 정신분석 용어로 '둘이서 하는 망상'의 상태에 갇힐 위험이 있다. 가능한 한 개방적이고 진실한 교환의 분위기를 만들기 위해 부부생활을 만끽하는 것은 별개의 문제다. 사람들은 무의식의 발현으로 인해 돌출되는 표현에 익숙해지며, 커플의 공동생활에서 특별한 문제가 없다면 각자는 자신의 손익을 셈한다. 그러나 기분 나쁨, 실수행위, 원인 불명의 충동 등에 대한 자가분석을 적절한 방법에 따라 깊이 있게 시도하는 순간부터, 이에 대해 책임을 지는 것은 각자의 몫이다. 커플의 진실한 대화가 자유연상과 오래된 기억을 수월하게 떠올리게 한다고 해서, 각 주체가 행동의 초기 근원에 대한 의문에서 면제되는 것은 아니다. 왜냐하면 그 기억의 근원은 결국 자신만의 몫이기 때문이다. 반면에 문제가 너무 커서 이러한 개방성과 자유를 가지고 이야기를 계속할 수 없게 되면, 실수행위나 과도한 전환 현상이 일어나고, 이 때문에 부부는 커플 치료사와 상담하는 것에 관심을 갖게 된다. 그렇다고 이러한 상담이, 가장 혼란스러워하는 배우자가 스스로 실수의 근원을 찾아야 하는 책무를 면해주지는 않는다.

위대한 우정 관계는 무의식의 출현을 충분히 촉진시키는 공모 구역을 창조하며, 커플의 경우와 동일한 역할을 한다. 프로이트가 플리스와의 우정을 활용하지 않았다면 자가분석을 고안해낼 수 없었을 것이다. 그러나 우리는 아름다운 우정이 매우 애매한 감정을 오랫동안 감춤으로써 결국 파괴되기도 한다는 것을 알고 있다. 일반적으로 우정은 시간이 흐르면서 자유롭고자 하는 충동으로 서로를 공격함으로써 커플의 경우보다 더 큰 저항을 하기도 한다. 왜냐하면 우선 그들은 멀리 떨어져 살면서 자신들의 관계를 공고히 하는 공통된 이상에 기대기 때문이다. 프로이트와 플리스의 이상은 너무 달랐다. 그들은 서로 많은 의견을 교환하면서 자극을 주었다. 그러나 그들은 각각 자신의 생각을 중시했으며, 그것은 근본적으로 차이가 있었다. 어쨌든 진정으로 공유된 이상에 바탕을 둔 우정이 모든 형태의 무의식적 표현을 선호하는 분위기를 만든다 해도, 심도 있는 분석을 하는 것과 그 후에 그 결과를 공유할 만한 가치가 있는지를 결정하는 것은 항상 각자의 몫이다.

파트너가 위험하게 또는 치명적으로 느껴지는 경우도 있다. 파트너가 어려운 상황을 극복하고 잔인하게 공격성을 표출하거나, 가장 가깝다는 이유로 가해지는 환멸과 시련과 실패를 경험하는 일이 발생하기 때문이다. 어떤 사람을 진정으로 사랑할 때 증오는 늘 함께 존재한다. 증오는 잠재되어 있다가 사랑에 상응하는 힘으로 폭력을 행사할 준비를 하고 있다. 갑작스러운 결별을 경험하면, 버림받은 사람은 자신도 상상하지 못한 분노의 힘과 완고함을 분출한다. 심각한 위기의 순간에 위협을 느끼는 사람의 즉각적인 반응은 관계를 깨고 떠나는 것이다. 특히 차분한 교류가 힘들다고 느낄 때 그러하다. 그렇지만 관계에 대해 성찰할 시간을 갖는 것은 항상 가치 있는 일이다. 자신이 정말 위협을 느끼고 타인의 폭력으로 상처를 깊이 받았다면, 이는 어린 시절까지 거슬러 올라가는 환상에 영향을 받았거나 내면의 구조 때문일 수도 있다. 자가분석은 이러한 구조를 다시 찾게 하고 충격을 완화시킬 가능성을 제공한다. 파트너의 폭력에서 벗어나려는 사람도 마찬가지다. 과거의 어떤 사람에게 그러한 마음을 가졌고 왜 그랬는가를 추적함으로써, 그는 파트너가 치러야 할 처벌이 무엇인지 알게 될 것이다. 현재의 관계를 쓸데없이 위협하지 않도록 하는 가장 확실한 방법은 과거의 경험과 현재의 경험 사이에 뒤얽힌 꼬임을 푸는 것이다. 현재의 상황은, 감당할 수 없었던 과거의 치명적 상황이 동일하게 반복되고 있는 것이라는 사실을 간과해서는 안 된다.

## 3. 직업생활과 자가분석

스트레스와 갈등이 일어나는 상황은 때때로 암호 해독이 필요한 무의식적 반응을 불러일으키는데, 이는 현재의 직업과 사회 생활에서 빈번히 발생한다. 이러한 돌발행위는 사람들이 생각하는 것만큼 그렇게 미친 짓은 아니다. 그것은 기대하지 못했던 과도하고 억압적인 요구에 직면한 주체의 반응이며, 자신의 견해를 보여주는 반응이다. 너무 요구가 많은 직장 상사에게 대응할 수 없어 화가 난 비서는 타이핑할 때 '오타'가 나거나 업무상 큰 실수를 되풀이한다. 신체적 불편함보다는 직업상의 불합리한 조건이나 업무, 기능 등에 대한 부적응으로 발생하는 수많은 직업병에 대해 우리는 어떻게 접근할 수 있을까? 어떤 경우든 자가분석을 실천하는 것이 이를 조절할 수 있는 훌륭한 방법이다.

자신에게 맞는 일을 하고 있다고 확신하면, 역경, 실패, 질병,

인간의 모든 행동에 내재된 한계, 비판, 시기심, 언어적 폭력 등에 대처하는 데 도움이 된다. 결정적 순간에 일어나는 실수행위, 기이한 생각, 꿈 등을 가늠하고, 그것들을 잘 이해하는 사람에게 자유롭게 말할 수 있다는 단순한 사실만으로도 그는 이미 직업생활에 성공할 수 있는 중요한 으뜸패를 쥐었음을 보여준다. 무의식은 꿈, 실수, 증상 등을 통해 표현되며, 자가분석은 그것이 어째서 그리고 어떻게 영향을 받는가를 밝히고 반응 전략을 구사하기 시작한다. 확실히 이 작업은 종종 불편하고, 불완전하고, 게다가 완전히 빗나가기도 하지만, 주어진 상황에서 주체를 제 위치에 자리매김하도록 단단하고 활력적인 기초를 제공한다. 자기 직면의 성찰을 계속하기 위한 내면의 공간을 충분히 확보하기 위해서는 시간을 가져야 한다. 자신이 수행하는 업무에 몰두하는 사람에게 일어날 수 있는 최악의 사건은, 그 역할에 완전히 일체가 되는 바람에 마음 깊이 삶의 직조를 함께 짜던 사람과 접촉이 끊기는 일이 발생하는 경우다. 그리하여 그는 자신도 모르게 정신신체적 질병이 나타날 수 있으며, 그렇지 않다 해도 자신의 일을 그만두어야 하는 날에는 상처를 받게 된다.

이는 분명히 자신의 깊은 열망과 부합되지 않은 일을 하고 있거나 동기 부여가 되지 않았다고 느끼는 사람에게 더욱 심하게 나타난다. 이 경우 자가분석은 두 가지 기능을 한다. 하나는 이와 유사한 상황에서 느끼는 압박감으로부터 거리를 유지하고 벗어나기 위한 성찰 구역을 만드는 기능이다. 꿈으로 돌아오게 하거나, 환상, 망각, 말실수를 위한 자리를 마련하고, 그래서 비교적 충분히 담아주는 환경 덕택에 이에 대해 자유롭게 말할 수 있게 되면, 그 상황이 헛되고 희망이 없다고 해도 사람들은 상상으로나마 다른 관점으로 자리매김할 수 있게 된다. 볼모로 잡혀 있거나 최악의 상황에 갇혀 있던 사람들은 때때로 자신의 내적 공간에 기대고 가까운 주위사람들을 생각함으로써 그 고난을 이겨낼 수 있었다고 말한다. 왜냐하면 자신에 대한 이러한 유형의 작업은 흔히 생각할 수 있는 것처럼 포기로 이어지지 않으며, 오히려 에너지를 불러 모으기 때문이다.

자가분석의 또 하나의 기능은 자신의 진정한 열망을 드러내게 하고, 그 수단을 제공하며, 다가온 기회를 잃지 않도록 하는 것이다. 이는 매우 가치가 있는 만큼 오늘날 장기적으로 발전시켜야 할 프로그램이다. 가능한 일자리를 보증하는 것이 사회적·정치적 세계의 몫이라면, 자신의 소망에 적합한 일자리를 발견하는 것은 각 주체의 몫이다. 자가분석을 실천하면 더 엄격해지고 명석해진다. 어떤 사람이 실수로 시험에 떨어지거나, 반드시 거쳐야 하는 과정을 잊고 서류를 재작성해야 하는 실수를 저지른다고 해서, 그가 갈망하는 그 직업이나 지위가 자신에게 맞지 않는다는 것을 의미하는 것은 아니다. 이는 정반대일 수 있다. 이러한 여정에서 겪게 되는 실수에 대한 분석은, 그 길에서 벗어나 차후의 진입을 수월하게 하는 데 큰 역할을 한다.

## 4. 섹슈얼리티와 자가분석

자가분석이 삶에 중요한 역할을 할 수 있는 분야 중 하나는 섹슈얼리티[42] 분야다. 최초의 정신분석가들은 섹슈얼리티를 정말로 확신했기 때문에 이에 관한 작업과 성찰을 많이 했다. 우리는 이미 앞에서 증상에 대해, 그리고 증상이 불완전한 정신 기능을 보호하기 위해 어떻게 한쪽의 성적 경향을 잡아먹는지에 대해 언급한 바 있다. 증상의 발현은 봉쇄, 이탈, 무능력 등을 야기하며, 이는 대부분 주체의 의지에서 벗어난다. 무의식이 성생활에 끼치는 영향력 또한

42) 섹슈얼리티sexuality는 '성적인 것 전체'라는 넓은 의미의 성을 뜻한다. 성 또는 성성性性으로도 표기된다. 성sex은 남성이나 여성처럼 생물학적 의미의 성, 혹은 욕망으로서의 성을 뜻한다. 젠더gender는 남성성이나 여성성을 말하는 사회 문화적 성을 뜻한다. – 역주

대단히 크다. 누구나 알고 있듯이 성적 쾌락은 통제되지 않으며, 이는 아주 멀리서, 우리를 비껴간 느낌의 배경에서 온다. 그리고 자아가 완전히 몰입되는가 아닌가에 따라 쾌락의 강도는 달라진다. 그렇지만 나는 정신분석에서 성적 행위는 대체로 성기적 실행을 넘어선다는 것과, 오늘날 사람들이 믿는 바와 같이 성적 기관 혹은 이와 연관된 관계의 순기능에만 한정되지 않는다는 점을 상기시키고자 한다. 프로이트의 중요한 공헌은, 인간이 성적 쾌락에 접근하는 것은 모두 무의식의 영역에서 이루어지며, 극도로 다양하고 분산된 방식에 따라 행해진다는 것을 입증함으로써 그 개념을 명확히 밝힌 데 있다.[43] 자가분석의 실행은 그 어떠한 무의식에도 문을 닫지 않으며, 그럼에도 상당한 일관성을 확보한다는 장점이 있다.

인간의 섹슈얼리티의 첫 번째 형태는 가장 명확하다. 이것은 이드가 수탁한 쾌락, 지속적이고 집요하며 얼굴 없는 존재인 쾌락의 무한한 잠재력을 불러 모은다. 나는 이것을 기본적 섹슈얼리티 sexualité fondamentale라고 명명하겠다. 이 맹목적이고 길들일 수 없는 무의식적 리비도는 매우 불안정한 상태이며, 이런 상태에서 사람들은 자신이 할 수 있는 방법에 따라 만족을 추구한다. 어떤 사람은

43) 이에 대한 좀 더 자세한 것은 G. Bonnet의 『저항할 수 없는 성욕L'Irrésistible Pouvoir du sexe』, Payot, Petite Bibliothèque Payot, 2013을 참고할 것.

흡연, 빨기, 손톱 물어뜯기 등의 경향을 보인다. 또 어떤 사람은 계속 움직이고, 흔들고, 공격한다. 어떤 이는 여전히 새로운 것을 탐구하고, 탐험과 불가능한 정복에 뛰어든다. 또 어떤 이는 자위를 하거나 낭만적인 모험, 쾌락의 과정을 증폭시킴으로써 스스로를 달랜다. 후자는 분명히 성적인 행동화이지만, 전자들 또한 그보다 덜하지 않다. 왜냐하면 이러한 행위들은 아무것도 충족시키지 못하는 무의식적 충동을 즐기는 데 목적을 두기 때문이다. 이것들 역시 단조로움과 반복에 안주하면서 내적 충동 놀이를 하는 증상인 것이다.

이 기본적인 형태의 섹슈얼리티가 문제를 일으킬 때, 이에 대한 자가분석은 첫째로 언제, 어떤 맥락에서, 그리고 어떤 영향 하에서 이러한 실행을 하게 되었는지에 대한 질문으로 이루어진다. 그 실행이 특정한 대상 및 상황과 연결되어 존재하는 연원과 이유가 무엇인지를 찾아내는 일은 그리 어렵지 않다. 두 번째로, 자가분석은 실행 수단을 강구할 때 일상생활에서 가장 많이 충동을 일으키는 것이 무엇인지 찾아냄으로써, 그 실행에 동기를 부여하는 무의식적 충동을 확인하는 데 목표를 둘 수 있다. 세 번째로, 반복적이고 전형적인 방법에 의존하지 않기 위해 예술과 꿈, 더 나아가 타인과의 관계 같은 다른 승화적 방법으로 만족을 추구한다.

두 번째 섹슈얼리티 형태는 자기와의 관계를 밝히는 자기 섹슈얼리티sexualité du Je의 유형이다. 프로이트는 이 유형을 그런 식으로 명명하지는 않았지만, 이것에 가장 중요한 위치를 부여했다. 인간은 각자 쾌락에 접근하는 자기만의 독특한 방법을 가지고 있다. 인간은 과거의 경험에서 출발하여 마음속에 시나리오나 환상, 그 혼자만이 인지할 수 있는 이미지, 또는 내가 이전에 알리바바의 동굴이라고 명명했던 이미지 등을 구축한다. 이러한 심리적 구조의 가공 작업은 우리가 인식하지 않아도 무의식적으로 관계 속에 스며든다. 늘 만족스러운 성관계를 갖는 사람들 중에 얼마나 많은 사람이 이러한 환상이 없다고 생각할까? 그렇다고 해도, 특별한 문제가 없다면 이에 대해 관심을 기울일 필요는 없다. 이런 경우에 자가분석은 점진적으로 내적인 전략을 세우게 하고 이것이 어디에서 왔는지 발견하도록 이끄는데, 이는 사람들을 매우 흥분시키고 때로는 매우 거북하게 한다. 예를 들어 사람들은 어째서 어떤 향기, 또는 타인의 신체적 특수성(예를 들어 체모나 피부의 색깔)을 감지하자마자 거부 반응을 일으키거나 억제하는가에 대해 의문을 제기할 것이다. 이러한 무의식적 거부에 대해 분석하는 것은 그것들을 극복하도록 도와주고, 최종적으로는 관계를 위협하지 않는 방식으로 파트너와 함께 의문점을 공유할 기회를 제공한다.

섹슈얼리티의 세 번째 유형은 잘 알려진 것인데, 성감대(입술이나 항문, 피부, 눈, 귀)와 관련된 감각을 즐기는 것이다. 만남이나 성기 결합을 통해 직접적으로 적절한 만족을 주거나, 아니면 다른 방식으로 통합함으로써 이루어진다. 이는 『세 가지 에세이』에서 충동적 섹슈얼리티sexualité pulsionnelle라고 칭하는 영역에 속한다. 사람들은 이 충동적 섹슈얼리티를 통해 어린시절의 경험이 현재의 취향에 어떤 영향을 미쳤으며, 개별적 차이의 원인이 무엇인지를 적절히 인지할 수 있다. 어떤 사람은 사람들이 자신의 나체를 보는 것을 견디지 못하는 반면, 어떤 사람은 자신을 노출하지 않으면 즐거움을 느끼지 못한다. 어떤 사람은 만져주고 오랫동안 애무해주기를 요구하는 반면, 어떤 사람은 루쿨루스[44]처럼 식사의 즐거움을 느끼기 위해 시간에 구애받지 않고 식탁에 오래 머무는 것을 선호한다. 이러한 모든 선택은 우리의 무의식 속에서 결정되고, 충동적 행동에 대한 자가분석은 연애 가능성의 범위와 감각적 선택의 표현수단을 확장하는 데 기여한다.

자가분석은 섹슈얼리티의 네 번째 유형인 이상적 혹은 정념적 섹슈얼리티sexualité idéale ou passionnelle를 밝힌다는 점에서, 그리고 우

44) 여생을 사치스럽게 보낸 로마의 장군. – 역주

리의 심연에 혼을 불어넣는 이상을 탐지한다는 점에서 매우 중요하다. 이는 일상생활에서 흔히 볼 수 있는데, 이상적 섹슈얼리티는 과격한 파괴적 행동을 부추기거나 매우 존경스러운 행동을 유도함으로써 고통과 즐거움의 근원이 된다. 프로이트의 가장 위대한 발견 중 하나는 이상 역시 성적 대상의 하나라는 것이다. 이처럼 이상으로부터 결론을 도출하는 것은 그 시대 사람들은 결코 생각해보지 못했던 일이다. 이상은 사실 오이디푸스 콤플렉스의 유산이다. 우리는 어린 시절에 어머니를 성적 애정의 대상자로, 아버지를 경쟁자로 생각해 적대감을 갖지만, 그 적대감을 억압하여 이상을 선택하며, 그 가치를 높이고 자리매김한다. 그래서 우리는 이상을 만족시키기 위해 특별한 즐거움을 찾는데, 이는 다른 것들을 제물로 바치면서 획득된다. 진실이나 충절처럼 존재를 고찰하는 추상적 이상이든, 미적 기준처럼 존재 자체의 생생한 것이든, 이것들은 우리가 즐거움을 발견하는 그 지점까지 우리의 성적 선택에 상당한 역할을 한다. 커플 생활에서 두 사람의 이상이 같다면 이는 더할 나위 없는 접착제가 되지만, 이상이 대립되면 그 순간부터 극복하기 어려운 장애물이 된다. 그들의 관계를 덜 경직되고 덜 저항적인 상태로 만드는 데는 심층적 자가분석 작업이 도움이 될 수 있다.

오늘날 사람들은 성기적 섹슈얼리티sexualité génitale에 대한 자가분석에 너무 많이 관심을 가져 더 이상 덧붙일 필요가 없을 정도가 되었다. 이 점을 고려하여, 나는 성기적 섹슈얼리티의 본래 의미에 대한 나의 견해를 전개하지 않을 것이다. 그럼에도 나는 이 문제의 가장 중요한 점인 성차性差를 마지막에 다루고자 한다. 사실 무의식적 산물에 대한 자가분석의 궁극적 목적은, 주체로 하여금 받아들이기 어려운 성차에 직면하도록 하는 데 있지 않은가라고 나는 자문해 본다. 어떤 사람은 과학이 성전환 방법을 우리에게 약속하고, 곧 두 성을 하나로 병합할 수 있는 것도 불가능한 것은 아니어서, 나의 질문은 오늘날 시대에 뒤떨어진 것이라고 대답할 것이다! 그렇지만 유전적·생리적·역학적인 어떤 실험도 심리적 실재를 전혀 바꿀 수 없다. 성차는 결코 극복할 수 없는 사실로서, 우리가 역사와 조상을 통해 물려받은 수천만 년의 문화와 경험으로 구조화된 우리의 영혼 저 깊은 곳에 지워지지 않는 방법으로 새겨져 있다. 현실에서 무슨 일이 일어나든 우리는 성차를 마음 속에 간직하며, 사실을 부인하면 할수록 그것은 은밀하게 우리를 괴롭힌다. 더우기 우리는 그것을 불평할 이유가 없다. 왜냐하면 그 결과로 초래된 대립과 함께 표현, 연대, 주고받음 등 우리의 시스템이 생겨났기 때문이다. 성차는 오늘날에도 여전히 우리와 타인을, 특히 가장 사랑하는 사람을 갈라놓는, 극복할 수 없는 차이에 대해 생각할 기초 자료를 제공한다.

## 5. 결정적 순간에 대한 자가분석

인생은 길고 고요한 강이 아니다. 모든 사람은 중요한 선택, 주거 이전, 기대치 않았던 성공, 혹은 그 반대로 죽음, 사고, 갑작스러운 상실, 실패, 망명, 중병 등과 같은 결정적인 사건의 문턱을 넘도록 운명지어졌다. 사람들은 이 상황을 침착하게 관리하거나 다시 활기를 찾기 위한 방법을 찾기 위해, 이러한 상황에서 나타나는 무의식의 산물을 분석하는 데 관심을 가진다. 물론 더 평온한 시기에 자가분석 사용법을 익히는 것이 바람직할지도 모른다. 하지만 결정적인 사건의 중압감 혹은 그로 인해 야기되는 고뇌는, 체계적 자가분석으로 내면을 들여다보기에는 부족한 감정적 양을 오히려 증가시키는 이점이 있다. 따라서 결과적으로 분석 작업을 위한 훌륭한 보조제가 될 수 있다. 물론 성찰의 시간을 관리할 수 있어야 하는데, 이는 극심하게 불안한 상태에서는 정말로 쉽지 않은 일이다.

직업 선택에 대해서는 이미 앞장에서 다루었기 때문에 재론하지는 않겠다. 그 대신 사랑하는 파트너의 선택에 관해서는 한 마디

하고 싶다. 왜냐하면 과거의 선택을 수용하고 승화시키기 위해 가장 고려해야 하는 것은 바로 인간 관계이기 때문이다. 사람들은 오늘날 성적 합의의 필요성에 대해 대단히 강조하는데, 이는 맞는 말이다. 그렇지만 분석해보면 이는 단지 성적인 것에만 국한되지 않으며, 앞에서 논의된 다양한 섹슈얼리티 범주에 의거해 볼 때 충동적, 이상적, 상상적, 기본적 섹슈얼리티에도 해당된다. 이상, 요리 취향, 예술, 관계, 습관 등 다양한 관심사에서 끌어온 몇 가지 공통된 대상에 대해 느끼는 즐거움이 서로 일치하지 않는다면, 어떻게 커플 생활을 오래 유지할 수 있을까? 커플 관계 초기에 자가분석을 하는 것은 실존적 존재와의 결속을 확인하는 시간을 갖는 것이다. 왜냐하면 사랑에 빠지는 가벼운 욕망은 꿈과 마찬가지로 거짓말일 수 있고, 또한 진정한 욕망에 반하여 우리 자신을 속일 수 있기 때문이다.

자가분석은 위기의 순간에 빛을 발한다. 나는 앞에서, 프로이트가 아버지의 사망 후 『꿈의 해석』을 집필하기로 했고, 이 책은 그의 기억에 대한 기념비적 작품이라는 것을 상기시켰다. 자가분석이 특히 슬픔을 애도하는 동안에 유용하다면, 이는 세월이 흘러도 여전히 슬픔이 남아있기 때문일 것이다. 사고사, 폭력에 의한 사망, 조기 사망, 의문사 등의 후유증을 감당해야 할 때도 자가분석은 더욱 유용하다. 놀랍게도 무의식은 날짜와 기념일에 매우 민감하며, 우리의 기억을 회상시키는 사건이 생긴 날의 추억을 꿈과 실수행위, 증상 등을 통해 자주 상기시키고, 또한 우리의 행동 결과를 헤아려보게 한다. 이렇게 우리는 수세기 동안 중요하게 지켜온, 조상에 대한 제사를 무의식적으로 지내며, 그들의 죽음에 대한 기억과 연관된 긴장을 완화시키지 않는다.

사고가 일어났을 때나 실패의 쓴맛을 봤을 때, 영아 시절의 전능환상에 뿌리를 둔 무의식은 우리의 뜻에 반하여 그것에 계속 집착하게 하는데, 자가분석은 다음의 원칙에서 시작한다. 즉, 어떻게든 무언가를 하지 않으면 아무 일도 일어나지 않는다는 것이다. 사실에 대한 객관적 분석에 우선 순위를 두면서, 이전에 실행한 부분에 대해 늘 다음과 같이 해보는 것이 필요하다. 즉, 분석 전에는 사건을 부추기거나 야기하는 상황에 무의식적으로 머무르고, 분석 중에는 긍정적이든 부정적이든 무의식화된 감정의 억압을 해방시키는 것을 활용하고, 분석 후에는 우리가 취한 부분적 사실을 고려해 죄의식을 느껴보는 것이다. 이때의 자가분석 방법은 내가 앞에서 제시한 착각이나 큰 실수의 분석 방법과 동일하다. 즉, 상황에 대해 심도 있고 상세한 탐구를 통해 진행하며, 때때로 우리의 동기에 대해 강한 의문을 제기하는 것으로 귀결된다.

마지막으로, 죽음으로 가는 중요한 순간에 대한 안내 문구가 우리를 기다린다. “철학이란 단지 죽음을 대면할 채비를 하는 것이다.” 몽테뉴의 말이다. 이 말은 자가분석에도 적용될 수 있을까? 무의식에 귀를 귀울인다고 해서 죽음을 심각하게 받아들이는 것은 아니다. 이러한 사실은 마약중독자나 자살자에게서 입증된다. 가장 파괴적인 형태인 반복 강박에 빠지면, 그들은 죽음 자체가 부정되는 다른 위성에 사는 것과 같다. 그렇지만 이것은 분석이 아무 효과가 없는 극단적인 경우다. 왜냐하면 대부분의 사람들에게 죽음에 대한 불안은 존재하며, 따라서 무의식이 이에 대해 무감각하지 않다는 것을 입중하기 때문이다. 프로이트의 죽음에 관한 이야기는, 그가 병으로 인해 너무 아파 견디기 어려웠던 말년에 자가분석 작업이 긍정적인 역할을 했음을 보여준다.

이러한 증언은 질병의 문제를 극복하고 노화에 대한 과제 전체를 고찰하기 위한 초청장이기도 하다. 사람들이 인생의 마지막 시기에 아주 오래된 기억을 얼마나 잘 회상하는지는 익히 알려져 있다. 아마도 자가분석은 오래전부터 품어왔던 의문점을 밝히고, 특히 젊은 사람들의 변화에 기여할 기회를 제공할 수도 있다. 나이가 듦에 따라 생기는 많은 질병은 환자로 하여금 더 인간적으로, 또한 더 차분하게 살도록 한다. 노화는 일상생활이 점점 더 제한되는 한계를 고려해 일정한 만족을 포기하게 하고, 행동을 통제하게 하기도 한다. 노인은 타인에게 의존하고, 물어보고, 내면 세계에 타인의 존재를 받아들여야 한다. 자가분석을 할 수 있는 사람이라면 그의 내적 공간은 적어도 축소되지 않는다. 사람들은 그곳에서 견줄 바 없는 최고의 자유를 향유한다.

죽음 자체는 오래전부터 인간에게 수수께끼였다. 자가분석은 조상에게서 물려받은 수수께끼 같은 메시지에 하나씩 직면하도록 유도함으로써, 궁극적 한계를 매일 설정하게 한다. 자가분석은 환자에게 죽는 법을 알리지 않고, 죽음이 다가오는 순간 적합한 방법으로 그 죽음과 직면하도록 돕는다. 프로이트는 억지로 꾸미려 하지 않고, 기만하지도 않으며, 스스로 적절한 죽음의 시기를 결정했다. 그리스 사람들은 자신이 죽음에 직면할 때만 타인에 대한 평가를 할 수 있다고 생각하는데, 이는 오늘날에도 여전히 맞는 말이다.

## 6. 관계의 불화와 회복을 보여주는 전형적 사례

오랜 여정의 자가분석 이야기가 담긴 주느비에브 들레지 드 파스발Geneviève Delaisi de Parseval의 『이사도라 D.의 가족 소설Le Roman familial d'Isadora D.』이라는 책이 있다. 나는 이 책에 있는 마지막 사례를 인용하면서 이 장을 마치려 한다(11, p. 29와 9). 이 사례는 매우 중요한 초기 관계가 가까운 이들에 의해 부정되었을 때 자가분석이 어떻게 그 피해를 회복시킬 수 있는지 분명히 알게 해준다. 60대 기혼여성인 이사도라 D.는 여러 명의 자녀와 손자녀가 있다. 민속학자이자 가족문제 전문가인 그녀는 우선 여러 종류의 분석치료를 받았는데, 치료를 종결한 후에도 자가분석은 멈추지 않았다. 그녀는 자신의 저서에서 매우 직접적이고 자기 창조에 가까운 스타일로 다음과 같이 글을 쓰기 시작한다. "나는 부모님이 모두 36세일 때 수태되었다. 오랜 세월의 불임 후 소위 '두 번째'로 성공한 임신이다(이미 일곱 살 위인 아들이 있었다). 마침내 2차세계대전 발발 며칠 전인 1939년 8월 말의 어느 날 밤에 나는 태어나기로 운명지어졌다. 드디어 9개월이 지난 후인 1940년 5월 27일에 나는 태어났다. 기억하기 쉬운, 전혀 평범하지 않은 날짜다."

이 순간부터 이사도라는 이중적 부재에 직면하게 된다. 하나는 아버지의 분명한 부재다. 그는 딸을 잉태하는 밤을 보낸 후 전장으로 떠났고, 그 후 1939년에서 1945년까지 전쟁 기간 내내 감옥에 갇혀 있었다. 다른 하나는 친할아버지의 부재다. 그녀의 아버지는 자기 자신뿐만 아니라 앞으로 태어날 자손들도 할아버지를 '죽을 때까지' 부인할 것이라는 내용이 담긴 비밀편지를 남기고 떠나버렸기 때문이다. 이사도라 D.가 아버지가 철저하게 고수한 의절義絕의 편지 원본을 상자에서 발견한 것은, 그녀의 어머니가 죽은 후 몇십 년이 지나서다. 아무도 이에 대해 알려주지 않았더라면, 공동 묘혈에 매장된 할아버지는 의문의 대상이 되지 않았을 것이다. 사람들은 이사도라에게 그녀가 태어나기 전인 1939년에 할아버지가 사망했다고 이야기했는데, 사실은 1946년에 사망했다.

이사도라는 평생 끈기 있고 심도 있는 자가분석으로 자신의 환상과 꿈을 분석했다. 그녀는 부모의 역사적 가치를 떨어뜨리는 반영웅적 인물인 이 얼굴 없는 할아버지를 너무 어린시절부터 해로운 존재로 상상했다는 것을 인지했다. 또한 그녀는 이것이 어린 시절부터 자신을 짓누른 수치심의 근원이라는 것을 알게 되었다. 모든 젊은이와 마찬가지로 그녀의 환상은 성장함에 따라 지워졌지만, 무의식적으로 심각하게 억압된 부분은 그녀의 건강을 계속 해쳤다. 정신분석 작업을 통해 진실을 발견하고, 그럼으로써 자신감을 회복하는 데는 오랜 시간이 걸렸다. 반대로 그녀는 평생 어째서 자신이 정치적 관심에 사로잡혔는지 이해했다. 노동자의 아들로 태어난 할아버지 프랑시스 D.는 사람들이 종교 집단에 가담하듯이 정치 집단과 철학 집단에 가담했던 이력이 있었다. 극도로 편협했던 그는 아들이 가톨릭 교도의 여성과 결혼했다는 이유로 그 결혼을 인정하지 않았다.

정신적 구조화에 근본적이고 불가피했던 관계를 재구조화하기 위해, 그리고 부모의 절대적 침묵으로 야기된 결핍에서 벗어나기 위해 그녀는 평생 끈기 있고 심도 있는 자가분석을 수행해왔고, 이는 놀랄 만한 진척을 보였다. 오래 기간의 위장을 바로잡는 데 많은 시간이 필요하다는 것을 입증하는 이러한 유형의 사례는 드물지 않다. 진실된 생각이 드러나는 실수행위를 저지르는 사람에 대해 프로이트는 다음과 같이 기술했다. "사람들에게 진실을 말하도록 충동하는 마음속 깊은 결핍을 보면 우리는 당연히 놀랄 수밖에 없다"(14, p. 359). 진실을 말할 수 없을 때, 이는 때로 희생을 치르면서까지 무의식적 행동으로 튀어나온다. 자기 나름대로의 표현방법을 찾지 못하면 우리는 긴장을 풀지 못한다. 특히 그 진실이 세대의 위계질서에서 중요한 위치를 차지하는 개인과 관련될 때 더욱 그러하다. 그러므로 자가분석은 전통적 분석을 보충하거나 대신하는 데 없어서는 안된다. 왜냐하면 진실에 당장 접근할 수 없는 요인이 있을 때, 그 진실을 인식하기 위해 무한정 카우치에 머무를 수는 없기 때문이다. 이에 필요한 시간을 지속시키는 것은 주체 자신이다. 그리고 자신의 아이들과 손자녀를 위해 진실을 밝히는 것이 의미가 있다고 생각한다면, 이사도라의 사례는 그럴만한 가치가 있다는 것을 보여 준다. 어떤 주체들은 이러한 기회조차 얻지 못한다. 다시 말해 그들은 진실을 발견하는 어떠한 방법도 갖지 못한다. 자가분석에 대한 탐구는 정신현상의 가장 깊은 곳에 새겨지는, 견디기 힘든 결핍을 계속 관리하는 데 있다고 해도 지나치지 않는다.

결론

# 자가분석에 미래는 있는가?

최근에 알렝 드 미졸라는 다음과 같이 말했다. "어느 날 어떤 학자나 독자적 연구팀이, 프로이트의 정신분석이 그 시대의 사상에 대해 획기적 전환을 시도했던 것과 같은 독창적인 접근방법을 구축하고, 우리에게는 아직 보이지 않는 요소들을 통해 프로이트의 자가분석과 발견물을 박물관 진열대로 보낼 가능성은 열려 있다. 그렇지만 지금으로서는…"(2, p. 21). 자가분석은 정신분석의 동향 중 가장 핵심부에 자리잡고 있다. 또한 오늘날 제기되는 심각한 문제들 때문에 여전히 자가분석의 향후 전망은 밝다. 그 첫 번째 이유는 매우 분명하다. 왜냐하면 우리가 알다시피 만약 자가분석의 가능성에 미래가 있다면, 그것은 결국 정신분석의 미래이기 때문이다. 자가분석은 단순히 이론적 연구를 즐기는 놀이가 아니며, 방법론의 세련화를 추구하지도 않는다. 자가분석은 기본적으로 인내심과 명쾌함이 요구되는 작업인데, 이러한 요소는 타인과의 관계에서 암암리에 많은 것을 이행하며 성찰할 수 있도록 길을 터주는 역할을 한다.

세르주 르클레르는 정신분석가의 상담실을 실험실에 비교했다. 매 회기는 새로운 가설을 실험하고 미지의 세계를 탐험하는 기회가 되기 때문이다. 이 비교는 자가분석에도 해당된다. 왜냐하면 자가분석이 없다면 정신분석은 발전할 수 없다고 할 만큼, 자가분석은 영양분이 많은 부식토를 제공하기 때문이다. 나는 이 책의 서두에서, 프로이트가 발견했던 영역의 장이 막대하다는 것과 다가올 세기에 할 일 역시 엄청나게 남아 있다는 점을 확신하며, 그는 영혼의 실험자였고 새로운 생각을 위해 도전을 멈추지 않았다는 점 등을 언급했다. 이 실험은 계속되고 있다. 과학기술의 놀랄 만한 발달 – 우리 시대를 특징지으며 동시에 우리로 하여금 본질을 벗어나게 할 위험이 도사리고 있는 – 에 균형을 이루는 기회를 갖기 위해 자가분석은 개방적이면서도 엄격하게 끊임없이 수행되어야 한다. 자가분석은, 우리시대의 가장 감동적인 모험 중 하나에 뛰어들어 식견이 깊어지기를 갈망하는 모든 대상을 초청한다. 자가분석의 공적과 발견에 대한 기록은 오늘날 순조롭게 진행되고 있다. 그러나 우리 내면에 있는 미지의 세계에 대한 탐험은 우리를 둘러싼 외부 공간에 대한 탐험과 비길만하기에, 여전히 그 방법을 강구할 필요가 있다.

만약 자가분석에 미래가 있다면, 그것은 무엇보다도 우리를 둘러싼 세상을 비추어보는 데 있다. 민주주의의 발달과 국제기구의 감시에도 불구하고, 우리는 여전히 다양한 원인을 이유로 자행되는 맹목적인 테러 행위에 의한 집단학살, 비상식적인 고문 사건, 적대적 급진파 사이의 무자비한 결판내기 싸움 등의 발생을 목격한다. 이 행위에 몰두하는 사람들은 누가 더 가장 원시적이고 파괴적인 충동 기술을 사용하는지 경쟁하면서, 대부분의 시간을 집단행동이나 광신적 종교분파에 가담하며 보낸다. 이러한 사람들에게 접근할 기회가 있다면, 우리는 그들 중 많은 사람이 처음에는 용감한 사람이라고 칭송된다는 점을, 그리고 사실 그들이 용감한 사람의 격에 맞지 않는다는 것을 전혀 상상할 수 없다는 점을 확인하고는 놀란다. 누구라도 이러한 유형의 집단에 영향받을 수 있으며, 이는 파시즘 시대에도, 그리고 더 최근에는 명백한 거짓으로 선포된 전쟁에서도 여전히 확인된다. 이러한 과도함에 대처하기 위해 사람들은 교육과 문화와 역사에 많이 의지하지만, 가장 지식을 많이 쌓은 사람이 가장 광신적인 사람이 될 가능성이 높다는 점을 역사는 입증했다. 자가분석은 우리에게 부조리한 충동에 대해 이해시켜주고, 또한 모든 정신적 집단에 가담하는 것을 비판하도록 하고, 또한 시대착오적인 생각을 하는 사람에게서 빠져나오도록 함으로써 아마도 현시대에서 가장 확실한 분야로 남아있게 될 것이다.

# 참고문헌


[1] Anzieu D., *L'Autoanalyse de Freud*, Puf, 1988.

[2] *L'Autoanalyse, l'enfant caché de la psychanalyse*, 19e Journée de l'EPCI, Paris, 2004, G. Bonnet, A. de Mijolla, G. Délais de Parseval, et coll.

[3] Barron J.W. et al., *Self Analysis*, The Analytic Press, 1993.

[4] Bonnet G., *Le Transfert dans la clinique psychanalytique*, Puf, 1991, 1999, 2006.

[5] –, *Symptôme et Conversion*, Puf, 2004.

[6] –, *Voir-être vu*, Puf, 2005.

[7] –, *La Perversion, se venger pour survivre*, Puf, 2008.

[8] –, *L'Idéal*, In Press, 2017.

[9] –, *L'Irrésistible pouvoir du sexe*, Payot, « Petite Bibliothèque Payot », 2013.

[10] –, *La Tyrannie du paraître*, Eyrolles, 2013.

[11] Delais de Parseval G., *Le Roman familial d'Isadora D.*, O. Jacob, 2002.

[12] Freud S., Lettres à *Wilhem Fliess*, Puf, 2006.

[13] –, *L'Interprétation du rêve*, OCF.P, IV, Puf, 2003.

[14] –, *Psychopathologie de la vie quotidienne*, Gallimard, 1997.

[15] –, *Cinq leçons sur la psychanalyse*, Payot, 1969.

[16] –, *Leçons d'introduction à la psychanalyse*, OCF.P, XIV, Puf, 2000.

[17] Gay P., *Freud, une vie*, Hachette, 1988.

[18] Horney K., *L'Autoanalyse*, Stock, 1978.

[19] Jones E., *La Vie et l'œvre de S. Freud*, Puf, 1970.

[20] Laplanche J. et Pontalis J.-B., *Vocabulaire de la psychanalyse*, Puf, 1967.

[21] Laplanche J., Nouveaux fondements pour la psychanalyse, Puf, 1987.

[22] Mannoni O., « L'analyse originelle (1967) », in *Clefs pour l'imaginaire*, Seuil, 1969.

[23] Orler D., *Autoanalyse et atelier d'écriture*, Robert Jauze, 2009.

# 역자 후기

나는 지난 40여년간 한국의 가족문화와 정책, 성평등 정책과 관련된 연구를 계속 해왔다. 특히 커플 관계에서 남자와 여자의 매우 큰 시각 차이나 세대간 간극으로 인한 이혼의 현상은 나의 주 연구 분야다. 그 과정에서 나는 사회학적 현상으로서 인간의 본질에 관한 탐구뿐만 아니라 심리학적 관점으로서 인간의 개인적 차이에 대한 궁금증은 늘상 있어왔다. '어째서 하나의 사건에  대한 사람들의 해석과 반응은 이토록 다른가 ?' 특히 생각의 차이로 인한 이별은 이들에 대한 연민과 더불어 젠더간, 개인간 차이를 생각하게 했다. 그 질문은 자연스럽게 나를 개인적 차이, 정신분석에 대한 관심으로 이끌었다.

2013년 정신분석 수업과 분석을 받던 어느 날, 나는 프랑스의 정신분석, 커플 정신분석 사회를 직접 경험해보고 싶어 '파리에서 3개월간 혼자 살기'를 시도했다. 다시 가족과 떨어져 혼자만의 생활에 직면하고, 유학시절 내가 미처 보지 못한 나의 존재와 프랑스 사회에서의 경험을 되돌아보고 싶었던 것이다.

파리에서 정신분석 관련 서적을 살펴보는 중, 내 시야에 책 하나가 들어왔다. 바로 프랑스 정신분석가 제라르 보네의 '자가분석' 이었다. 책 머리에는, '자가분석은 자신의 꿈, 실수행위, 증상과 더불어 인간 관계의 어려움에 대한 암호를 풀기 원하는 사람에게 접근이 가능하다'고 쓰여 있었다. 정도의 차이는 있겠지만, 이러한 현상들은 우리 모두가 경험하는 일상적인 일들이 아닌가!

사람들은 자신의 실수행위로 인해 속상해하거나 일을 그르친다. 실수행위의 반복은 종종 증상의 형태로 나타나 고착화되기도 한다. 나는 행위에 무의식이 존재한다는 것을 프로이트의 정신분석을 통해 알았고, 그 무의식에 몰입하면서 이전에 내가 알지 못했던 새로운 즐거움을 깨달았다. 그러나 그 즐거움을 다른 사람들과 공유하고자 할 때 가장 먼저 부딪히는 반응은 그들의 저항감이었다. 사람들은 감정을 직면하는 무의식을 인정하고 싶어 하지 않았다. 나는 사람들이 저항감 없이 무의식의 존재를 알도록 하는 방법론에 관심이 많았기에 이 책이 더욱 더 반가왔다. 저자는 분석의 실마리를 실수, 망각, 분실에서 찾고 있는데, 여기에도 무의식이 존재하는구나를 깨닫게 해주는 일상생활의 자가분석적 접근이 궁금해졌다.

'실수행위에는 그 주체가 거부하거나 있는 그대로를 인정할 수 없는 메시지가 있으며, 실수행위에 대한 무의식을 탐구하면서 자신과 대화를 하면 인간관계의 어려움을 풀어나갈 수 있다'는 방법론에 특히 관심을 갖게 되었다.

이 책은 자가분석에 대한 체계적인 소개와 더불어 일상생활 속 행위들을 통해 무의식에 접근할 수 있는 개괄적인 방법을 제시하고 있다. 물건을 분실하는 것은 자신에 대한 관심을 더 많이 가져달라는 내면의 목소리임을 깨닫게 되고, 이런저런 실수를 저지르는 아이들은 부모를 향해 자기를 더 많이 사랑해달라는 외침임을 알게 된다. 이 책은 경찰의 수사와 매우 흡사한 질문 방법을 활용하며, 질문을 통해 분석자 자신을 알아차리도록 도와주는 실천적 방법도 소개하고 있다.

이 책의 번역은 일상생활에서 무의식과의 끊임없는 만남을 추구하는 나의 주위 사람들, 즉 자신의 삶을 충실히 살아가고자 치열하게 고민하는 이 땅의 젊은이, 가족, 친구들에게 조금이라도 도움이 되었으면 하는 소망에서 조금은 무모하게 시작되었다. 그러나 그 과정은 누구보다도 결국 나를 발견하고 돌아보게 하는 시간이 되었다. 꿈, 실수, 증상에 접근하여 나 자신과의 대화를 통해 무의식의 목소리와 만남으로써 나 자신만의 삶을 살아가는 데 많은 보탬이 되었다. 자가분석의 실천은 나를 찾아오는 젊은이들에게도 자기 자신을 소외시키지 않은 채 자기다운 삶을 살아가도록 하고 있어, 향후 대중을 위한 자가분석 매뉴얼 개발 가능성을 엿보게 한다.

마지막으로, 번역 과정에서 저자의 의도와 정신분석의 지형을 정확히 파악할 수 있도록 끊임없는 관심을 보이고 질문을 해준 본 연구소의 이윤하 선임연구원에게 감사의 인사를 보낸다. 그와의 지속적이고 집중적인 토론이 없었더라면 번역은 만족스럽지 않았을 것이다. 또한 오랜 번역 기간 지지를 아끼지 않은 가족, 도반, 친구들, 이땅의 젊은이들에게도 애정과 감사를 보낸다.

2020년 2월 20일

변화순